SCHLANK NACH WUNSCH

Lizenzausgabe für Weltbild-Verlag, Augsburg
Gestaltung und Herstellung: Susanne Elten/Artus Verlag
Satz: Fertigsatz, München
Lithos: Schwitter Reproduction, Allschwil/Schweiz
Druck und Bindearbeiten: Brepols N.V., Turnhout/Belgien

Printed in Belgium
ISBN: 3-89350-198-3

Sonja Carlsson/Herbert Wirths

SCHLANK NACH WUNSCH

Das große Diätkochbuch
21 Tages-, Wochen-
und Wochenendkuren

Weltbild

Buttermilch

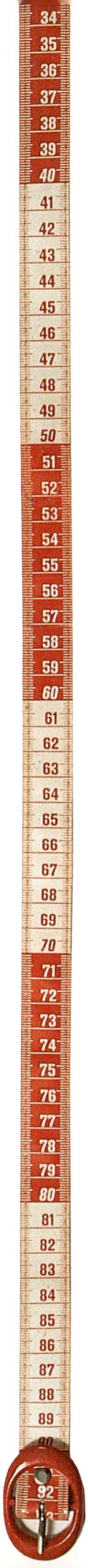

Inhalt

Der Traum von müheloser Völlerei – Pieter Brueghels „Schlaraffenland", gemalt um 1565 (Alte Pinakothek, München)

EIN WENIG FIGUR-UND ESSGESCHICHTE

Wahrheiten, Fakten, Anekdoten und Spekulationen über die Kunst, den Körper in Form zu halten

Wann genau die Menschen begannen, ihren Körper durch Abspeckmethoden und Diäten schlank zu halten, ist so exakt nicht belegt. Fest steht aber, daß der Wunsch nach einer guten – zumeist schlanken – Figur Tausende von Jahren alt ist. Die Entwicklung mehr oder weniger üppiger Körperformen ist allerdings auch typisch für ganze Epochen. Mode, Stile und Leitbilder prägen seit jeher die Schönheitsideale vor allem der Damenwelt. Stets kam es auch auf die politische Situation an – in Kriegs-und Notzeiten, als Armut und Hunger das Volk beherrschten, erledigten sich Figurprobleme ganz von selbst – ungewollt. Wer nichts zuzusetzen hatte, blieb seinerzeit auch auf der Strecke! Die Fürsten und Reichen bekamen zwar auch in solch stürmischen Zeiten noch ihr Fett ab, dennoch behielten die schönheitsbewußten Damen bei Hofe ihre Wespentaille durch etliche Epochen hindurch.

Schlanke Linie im Alten Ägypten: Szene aus einem Bankett (Theben, um 1400 v. Chr.)

Schon die alten Ägypter...

Während in unserem Raum Jäger der Steinzeit die Wälder durchstreiften, entstanden vom 4. Jahrtausend v.Chr. an am Nil und im Zweistromland zwischen Euphrat und Tigris große Kulturen. Eines der ältesten Kulturvölker sind die Ägypter. Ihr Land war fruchtbar, es gab Reichtum und Wohlstand, schon sehr früh erreichte Ägypten eine hohe Kulturstufe. In der Mode prägten sich die markanten und schlanken Formen aus, die auch heute noch modische Akzente setzen. Körper- und Schönheitspflege waren vorbildlich. Das morgendliche Bad, dann ausgiebige Körpermassagen, Einreiben mit parfümierten Ölen und Salben sowie Schminken gehörten zum Tagesablauf einer vornehmen Ägypterin. Skulpturen, Malereien und andere Kunstwerke aus dem alten Äygpten ab 3200 v.Chr. zeigen stets schlanke Körper bei beiden Geschlechtern. Die Frauen wurden einerseits sehr schmal mit eingeschnürter Wespentaille dargestellt, andererseits zeigen Malereien auch Frauen mit reiterhosen-ähnlichen Oberschenkeln und markant schmaler Taille.

Figurprobleme schien es – trotz des Wohlstands – nicht zu geben, beim Volk schon gar nicht. Vielleicht stimmt also die Behauptung, die vornehmen Ägypterinnen hätten Bandwurmkaspeln geschluckt, um die schlanke Linie zu behalten. So konnten sie ohne Sorge um die Figur essen, denn der Bandwurm verzehrte einen Teil der Nahrung, bevor sie in Fettpolster umgesetzt werden konnte. Bedauerlicherweise wurden die derart ausgemergelten Geschöpfe auch nicht sehr alt! Bei den Altbabyloniern dagegen (um 2250 v.Chr.) galt die üppige, rundliche und eher fette Frau als Schönheitsideal. Sie war Symbol der Fruchtbarkeit. Geradezu gemästet wurden und werden die Frauen einiger Negerstämme und Naturvölker. Auch bei ihnen ist die fette Frau das Schönheitsideal.

... und erst die Griechen!

Im Griechenland der homerischen Zeit (900 v.Chr.) war die Lebensführung sehr einfach, ebenso die Ernährung. Die Menschen lebten vorwiegend vegetarisch, nur zu besonderen Anlässen wurde Fleisch am Spieß gebraten. Tiere wurden sonst nur als Opfergaben geschlachtet. Die Menschen waren kräftig und schlank, die Frauen schönheitsbedacht und anmutig. Sie waren geachtet und den Männern gleichgestellt. Zwischen 600 und 500 v.Chr. vollzog sich ein kultureller Wandel, der sich in der gesamten Lebensweise der Griechen niederschlug. Griechenland wurde zum Mekka der

Der griechische Arzt Hippokrates (6. Jh. v. Chr.): Diät vor jeder Therapie

Die natürliche Eßbremse wurde ausgeschaltet: Gelage im kaiserlichen Rom (nach einer Illustration um 1880)

Lebenslust, der Genüsse und der Schlemmereien. Nahrungsmittel wurden aus Ägypten, Gallien und den Gebieten bis Spanien auf der einen und Indien auf der anderen Seite eingeführt. Völlerei und Unmäßigkeit im Essen machten sich breit. Die Frau spielte die Rolle der Dienerin und hatte keine Rechte. Ihr war verboten, an den Tischgelagen der Männer teilzunehmen, auch durfte sie keinen Wein trinken. Kein Wunder also, daß das damalige Wohlleben vor allem bei den Männern zu B(a)uche schlug.

Diäten für Kranke – Fasten für Gesunde

Im 5. Jahrhundert v.Chr. tauchte die Frage nach der Bedeutung der Ernährung für die Gesundheit auf. Ärzte diskutierten darüber, wie der Mensch leben solle, um sich gesund zu erhalten. Zur Heilung von Krankheiten wurden spezielle Diäten empfohlen. Hippokrates war auf diesem Gebiet besonders kundig. Er stellte die Diät vor jede andere Krankheitstherapie. Bezeichnend für sein medizinisches und diätetisches Wissen ist sein Ausspruch „In vielen Fällen ist es ein ausgezeichnetes Mittel, kein Mittel zu verordnen". Aristoteles soll spezielle Ernährungsempfehlungen für Kinder gegeben haben, und Diokles hat sich Gedanken zur Ernährung in den einzelnen Jahreszeiten gemacht. Schon auf den griechischen Philosophen Pythagoras (570–497 vor Chr.) schließlich geht die vegetarische Kostform zurück. Eine besondere Rolle spielte bei den Diäten stets die körperliche Ertüchtigung, war doch das griechische Lebensideal die Harmonie vom gesundem Geist im gesunden Körper. Für Kranke, Verwundete und Soldaten galt eine ganz besondere Form der Ernährung: Während man Krankheiten mit speziellen Diäten zu kurieren versuchte, wurde Verwundeten striktes Fasten verordnet. Sogar Getränke waren verboten. Auch Soldaten mußten fasten, um den Körper auf Entbehrungen des Krieges und der Gefangenschaft vorzubereiten. Überhaupt spielte das Fasten bei den Griechen eine bedeutende Rolle: zum einen wollten sie dadurch schädliche Kräfte, die den Speisen innewohnen, austreiben (Fasten nach dem Tod eines Angehörigen), zum anderen fasteten sie, um die eigene Macht zu stärken (Fasten der Zauberer) oder aus religiösen Gründen oder auch, um Träume und Visionen herbeizuführen. Gefastet wurde in der Medizin, in Gymnastik und Sport. Griechische Ärzte und Philosophen gaben Anweisungen, wieder zum einfachen Leben, weg von Üppigkeit und Völlerei, zurückzukehren.

Maßvolle Mahlzeiten – unter gekrönten Häuptern im Mittelalter eher die Ausnahme (Holzschnitt von 1491) …

Das Ziel: Harmonie

Wegweisend waren die alten Griechen auch in Hygiene, Körper- und Schönheitspflege. Der wohlhabende Grieche badete regelmäßig, salbte und parfümierte sich, außerdem hielten die Griechen ihren Körper mit Sport, Massage, Gymnastik und Diät in Einklang mit ihrem Geist. Hippokrates brachte den Zusammenhang zwischen Ernährung und Krankheit auf den einfachen Nenner: „Unsere Nahrungsmittel sollen Heilmittel, unsere Heilmittel Nahrungsmittel sein." Der Begriff „Diät" stammt übrigens aus der griechischen Antike. Als „Diät" bezeichnete man die Lebensweise zur Erhaltung oder Erlangung der Gesundheit.

Die Griechen waren in vielen Lebensbereichen Vorbilder für die Römer, die ca. 150 v.Chr. Griechenland eroberten. Die gesamte Schönheits- und Körperpflege orientierte sich nach griechischem Vorbild. Täglich verbrachten die wohlhabenden Römer viele Stunden mit der Körperpflege. Während der Grieche seinen Körper hauptsächlich durch Sport schlank hielt, versuchte es der Römer mit Schwitzbädern, Massagen und Salbungen. Die Figur zu dieser Zeit neigte zwar zu wohlproportionierter Fülle, Fettleibigkeit wurde aber abgelehnt. Von vielen Nahrungsmitteln kannte man bereits günstige und ungünstige Wirkungen auf den Körper. So wußten die Römer, daß Gemüse und Salat verdauungsfördernd sind und Bohnen Blähungen verursachen. Linsen sollen dick machen. Andererseits waren die Römer überzeugt davon, daß Obst, Gurken und Melonen das Dickwerden verhüten.

Essen, was das Zeug hielt

Die alten Römer waren bekannt für ihre Liebe zum Essen. Das Land schwelgte bald in einer Nahrungsfülle. Wahre Freßorgien sollen sich an den Höfen abgespielt haben. Und die Römer pflegten wahrscheinlich nur deshalb im Liegen zu speisen, weil sie so größere Mengen verdrücken konnten. Bekannt ist auch, daß sie sich während üppiger Festmähler mehrfach auf künstlichem Wege erbrochen haben, einfach um die ganze Lust des Essens genießen und hemmungslos weiterfuttern zu können. Dic natürliche Eßbremse, das Fassungsvermögen des Magens, wurde somit ausgeschaltet.

Aus der Zeit um Christi Geburt wird berichtet, daß der damalige Kaiser Augustus todkrank gewesen sein soll. Als seine Leibärzte versagten, vertraute er sich dem Wasserdoktor Antonius Musa an. Dieser steckte den zimperlichen und überfütterten Kaiser in eine Wanne mit eiskaltem Wasser und verordnete ihm eine magere Rohkost-Diät. So soll Ihre Majestät wieder genesen sein und konnte noch 20 Jahre regieren. Musa heilte in ähnlicher Manier auch den Dichter Horaz von seiner Gicht.

Das frühe Mittelalter, die Zeit Karls des Großen, war geprägt von Frömmigkeit, geistlichen und weltlichen Bewegungen. Es war die Zeit der Kreuzzüge, des Rittertums, der Städtegründungen, der Entwicklung des Handwerks mit seinen Zünften.

... während man drei Jahrhunderte später den „Vielfraß" unbarmherzig satirisch aufs Korn nahm (um 1835)

Aus dem Mittelalter: die Kirche beeinflußt das soziale Leben

Die Macht der Kirche beeinflußte mehr und mehr auch andere Lebensbereiche, so die Mode, die Erziehung, die Stellung der Frau etc. So war zum Beispiel das Zeigen der Haarpracht verboten, weil es als sündhaft galt. Die Kleidung war schlicht und lang, die Weite verdeckte die Körperformen. Korpulenz und Fettleibigkeit waren auch damals wenig verbreitet. Die kräftige, ritterliche Statur galt als Leitbild. Nur Geistliche, Mönche und wohlhabende Bürger trugen bisweilen zuviele Pfunde mit sich herum. Für die Körperpflege gab es die Bader: Sie luden zum öffentlichen Bade ein, verstanden sich aber auch auf Maniküre, Pediküre, Haarpflege, und sogar Aderlaß, Wundpflege, Zahnziehen und kleine chirugische Eingriffe gehörten zu ihrem Metier. Ob die Bader allerdings auch Diätempfehlungen gaben, können wir nur vermuten.

Damals wurde regelmäßig gefastet, allerdings nur von Geistlichen und Mönchen. Das Fasten galt der Reinigung und Läuterung von Körper und Seele, der Demut und Buße sowie der Stärkung des Geistes. Aus den gleichen Gründen haben übrigens auch Buddha und Jesus gefastet. Unsere kirchlichen Fastentage stammen aus dem Mittelalter.

Dicke Mönche - arme Bauern

Neben Fürsten und Adel verstanden es die Kirchen und Klöster, rasch ihren Grundbesitz zu vermehren. Durch die vorbildhafte Bewirtschaftung der Klöster und klostereigenen Güter waren die Insassen und Mönche stets bestens versorgt und sogar für Hungerzeiten gewappnet. Den Bauern ging es damals am schlechtesten. Nicht nur, daß sie sich sehr einseitig von Getreide ernährt haben, sie gerieten mehr und mehr unter die Herrschaft des Adels und der Geistlichkeit. Alles Eigentum und Vorrechte wie z.B. das Jagd- und Fischereirecht gingen auf Adel und Kirche über. Daß es in dieser Schicht kaum Übergewicht und Fettleibigkeit gegeben hat, ist verständlich. Aus der Karolinger-Zeit stammt denn auch der Satz „Wildbret ist Herrenspeise". Schließlich entwickelte sich ein wahres Räubertum, den Bauern wurden die Nahrungsmittel gewaltsam entrissen. Aufgrund der schlechten Lage der Bauern blieb die Feldbestellung größtenteils auf der Strecke. Hinzu kamen Mißernten, es folgten Hungersnöte und Seuchen. Die Not des Volkes zwischen dem 8. und 13. Jahrhundert soll sogar dazu geführt haben, daß unreine Tiere, Aas,

Wurzeln und Baumrinde verspeist wurden. Auch von Leichenraub und Menschenfresserei wird berichtet.

Die „fetten Jahre"

Erst ab etwa 1150 besserte sich die Lebensituation der breiten Masse allmählich. Schneller als auf dem Land vollzog sich der Aufschwung in den neugegründeten Städten, wo die Wirtschaft bald florierte. Leider wurde über die Ernährung des einfachen Mannes sehr wenig aufgezeichnet, vom wohlhabenden Bürger oder von Festmählern wissen wir dagegen recht viel: Durch den blühenden Handel war das Nahrungsmittelangebot reichlich. In reichen Häusern standen ausländische Spezialitäten, Gewürze etc. zur Verfügung. Die Bauern führten weiterhin ein genügsames Leben, die Landwirtschaft funktionierte allerdings wieder ganz gut. In den Städten bildete sich die Schicht der Armen, Mittellosen, Bettler und Kranken aus, die eine große Last waren. Die Genußsucht der Fürsten zog den Adel, dieser die reichen Bürger nach sich. Fettleibigkeit galt als Symbol für Reichtum, Einfluß und Ansehen. Im späten Mittelalter erschienen auch mehr und mehr Kochbücher, denn es entwickelte sich ein gewisser Eßkult. Klosterrezepte wurden schon seit dem 9. Jahrhundert aufgezeichnet. Ein Verdienst der Klosterbrüder ist es übrigens, daß Salat, Gemüse, Gewürz- und Kräuterpflanzen kultiviert wurden und Eingang in die Küche wie auch in die Heilkunde fanden.

Unter barocken Roben konnten sich füllige oder schlanke Formen verbergen (1779)...

Kapriolen der Mode

Der gotische Stil veränderte die Mode und das Schönheitsideal: schlanke Formen wurden bevorzugt, die Kleidung betonte den Oberkörper und die Taille. Mit der Hochrenaissance (1500–1550) begann dann die Zeit der üppigen Formen, sowohl in der Mode, im Lebenstil wie in der Kunst. Es wurde dekolletiert und geschnürt. Die Kleider der Damen waren weitausladend, die Schulterpartie überbreit. Später wurden Korsett und Reifrock eingeführt, die Brust wurde flach gepreßt, die Taille schmalgeschnürt. Und ständiger Begleiter der Damen war das Riechfläschen, denn Ohnmachtsanfälle aufgrund von Atemnot waren in der modebewußten Damenwelt nichts Außergewöhnliches.

Schon Paracelsus (1493-1541) – Arzt, Naturforscher und Philosoph – entdeckte die heilende und wohltuende Wirkung des Wassers bei verschiedenen Krankheiten. Stets wies er auf das rechte Maß in der Lebensführung hin. Sein Ausspruch „Alle Dinge sind Gift, und nichts ist ohne Gift. Allein die Dosis macht, daß ein Ding kein Gift ist" hat bis heute Gültigkeit - vor allem in der Ernährung.

Üppig: Die barocken Formen

Der Dreißigjährige Krieg (1618-1648) warf die halbwegs akzeptable Versorgungslage auf einen absoluten Tiefpunkt zurück. In diese Zeit fällt der Barockstil. Das Wort „Barock" ist vom portugiesischen „barocco" abgeleitet. Heute verstehen wir darunter verschnörkelt, üppig, überladen oder sonderbar. Zum Besonderen dieser Epoche gehört zweifellos das übersteigerte Lebensgefühl und das Selbstbewußtsein dieser Zeit, die Überbetonung männlicher Kraft und weiblicher schwellender Formen.

In der Medizin nahm die Bädertherapie einen ungeheuren Aufschwung. Das Schönheitsideal war die blühende, üppig gebaute Frau, wie sie der zeitgenössische Maler Rubens auf seinen Bildern darstellte, und der kraftvolle, korpulente Mann. Für die Schönheit taten die vornehmen Damen fast alles, sie puderten, parfümierten und frisierten sich, trugen riesige Perücken und schwere Kleider.

Die Erhaltung der wohlproportionierten Figur lag damals vorwiegend in den Händen der Leibärzte. Sie verordneten neben Mäßigkeit im Essen auch Bäder, Einläufe und Abführmittel. Auch bei Gicht und

Diabetes konnten sie Ernährungsratschläge geben. Die Mode im Zeitalter des Rokoko im 18. Jahrhundert war geprägt von eleganter Leichtigkeit, Anmut und Frivolität. Im Rokoko war nichts so gefürchtet wie das Altern. Um Altersfältchen zu verbergen, wurde deshalb bedenkenlos geschminkt und gepudert. Prächtige Kleider, Rüschen, Spitzen, große Dekolletés, fantasie- und kunstvolle Frisuren und maskenhafte Gesichter mit schwarzen Schönheitspflästerchen aus Seide zierten die modebewußten Damen bei Hofe. Die Körper wurden in Korsetts geschnürt, die Wespentaille durch weitausladende Kleider und breite Schultern besonders betont („Eieruhr-Form"). In ihrem Auftritt sind diese „Teepüppchen" typische Vertreter des Rokoko, passen aber auch in die Zeit des Biedermeier, als sich die Frauen ebenfalls figurbetont, zierlich und anmutig gaben, aber in der Haut- und Schönheitspflege wesentlich reinlicher waren. Ein zweites Rokoko erlebte Deutschland nach der Mitte des 19. Jahrhunderts. Viel Unnatürliches und Ungesundes prägte die Mode: die Wespentaille durch Einschnüren des weiblichen Körpers, eine übertriebene Schlankheit, die Furcht vor Sonne und Licht, der bleiche Teint, die Scheu vor Wasser und Seife!

Von Kneipp bis zu den Frauenzeitschriften

Im 19. Jahrhundert erfuhr das Gesundheitsbewußtsein durch die Fortschritte in den Naturwissenschaften eine drastische Wandlung. Besonders kundig in Ernährungsfragen war der Pfarrer Sebastian Kneipp (1821-1897). Er plädierte stets für eine Ausgewogenheit in der Kost mit Betonung der pflanzlichen Nahrungsmittel und warnte vor dem Übermaß. Strenge Hungerkuren bei Übergewicht hielt er nicht für sinnvoll, denn bereits er erkannte die Gefahr der schnellen Gewichtszunahme nach einer solchen Diät, den sogenannten "Jojo-Effekt", den er damals freilich nicht als solchen bezeichnete. Kneipp empfahl – neben seinen berühmten Güssen – eher eine natürliche Ernährungsweise mit wenig Fleisch, wenig Salz, wenig oder gar keinen Alkohol. Das Abendessen sollte bescheiden sein. Sebastian Kneipp zitierte auch gern das spanische Sprichwort „Große Mahlzeiten füllen Särge". Er erkannte auch: „Das Salz ist kein Stärkungsmittel; es ist nicht imstande, die menschliche Natur zu stärken, so wenig wie ein Glas Schnaps!" Zum Thema Völlerei meinte er, Fressen und Saufen wollten alle, aber sterben wolle keiner. Stets plädierte er für die einfache und bodenständige Ernährung. Er war sogar gegen die Verwendung von fremdländischen Gewürzen: „Wo der Pfeffer wächst, dort soll er auch gegessen werden." Aus seinem Munde stammen die Worte „Zum Vielfraß wird man nicht geboren, sondern erzogen".

Kneipp wetterte aber auch kräftig gegen die Mode und die damals aufkommenden Modejournale, gegen einengendes Schuhwerk, Korsetts und lange Fingernägel: „Die Weibspersonen stecken im Korsett wie ein Narr in seiner Zwangsjacke" oder „Ich würde nie zu Ende kommen, wenn ich alles aufzählen wollte, was der menschliche Verstand in

... unter dem Titel „Kontraste" hielt James Gillray um 1800 der figurbetonten Mode seiner Zeit den Spiegel vor

Bezug auf Kleidung schon Unsinniges ersonnen hat". Wie recht der Wasserdoktor doch in manchen Dingen hatte!

Eine Wandlung erfuhr in dieser Zeit auch die Rolle der Frau, die nun mehr und mehr als vollwertige Person in Gesellschaft und Politik akzeptiert wurde. Das alte Frauenbild verschwamm, Frauen stiegen erstmals ins Berufsleben ein und betrieben Geschäfte. Sie begannen, sich selbst zu verwirklichen und ihr Leben entsprechend ihrer Position einzurichten. Die Zeit der Frauenzeitschriften, deren Tradition übrigens bis ins 17. Jahrhundert zurückreicht, war gekommen. „Monika", gegründet 1869, ist bis heute die älteste in Deutschland, 1886 folgte „Brigitte", die damals noch „Dies Blatt gehört der Hausfrau" hieß. 1890 erschienen dort die ersten Gesundheits- und Diätratschläge.

Ein zweites Rokoko mit wespenschlanker Taille um 1900 (Plakat von Paul Scheurich)

Helene Lange gab 1893 die Zeitschrift „Die Frau" heraus. Eine Reformbewegung begann. Die 1880 von England ausgehende Frauenbewegung forderte Gleichberechtigung von Mann und Frau und war gegen alle Zwänge und alles Künstliche – auch in Sachen Mode!

Das Schönheitsideal der Deutschen um die Jahrhundertwende war die große schlanke Frau. In der Damenmode dominierten die schmale Taille, das betonte Hinterteil (S-Linie) und die für diese Epoche typischen Hüte. Zu dieser Zeit erkannten die Ärzte, daß die üblichen Korsetts den Frauen gesundheitlich schadeten. Die Taille und der Brustkorb wurden dadurch stark eingeschnürt, die normale Atmung beeinträchtigt. Allmählich lockerten sich die „Zwangsjacken". Sie wurden kleiner, leichter und weniger starr. Der Büstenhalter wurde erfunden! Gleichzeitig fanden sich in den Zeitschriften erste Anzeigen für Präparate zur Erreichung der Idealfigur – üppiger und straffer Busen, schmale Taille!

Von der Überlebenskunst zur Konsumsucht

Eine ganz neue Rolle gewann die Frau während des Ersten Weltkriegs (1914-1918).Typische Frauenberufe und Frauenarbeit wurden hochgeschätzt, auch wurden die Aufgaben der Hausfrau und Mutter geehrt. Als es darum ging, sparsam und praktisch zu wirtschaften, kam es allein auf die Frauen an. Auch im Zweiten Weltkrieg war das so. Die „Trümmerfrauen" mußten hart anpacken, dafür brauchten sie eine gewisse Konstitution. Die Volksgesundheit war abhängig von der Gesundheit der Frauen. In der Nachkriegszeit waren nicht zuletzt sie es, die die Wirtschaft wieder halbwegs in Schwung brachten. Die Eßlust, das breite Lebensmittelangebot, die Luxusgüter und veraltetete Kochmethoden „wie bei Muttern" führten dazu, daß sich ernährungsbedingte Krankheiten wie Übergewicht, Diabetes und Gicht häuften.

Mit Diäten in die Zukunft

Ende der 60er Jahre wurde die Brigitte-Diät ins Leben gerufen: Ernährungswissenschaftliche Fakten wurden verknüpft mit Wohlgeschmack und Praxis - schließlich soll auch eine Diät schmecken und der vielbeschäftigten Frau nicht soviel Arbeit machen! Die Zeit der Schlankheitsdiäten war gekommen – 1967 eingeleitet durch Twiggy, die „Bohnenstange" aus England. Viele junge Mädchen eiferten diesem Idol nach und wollten weg von ihren Rundungen.

... und das Korsett als Schlankheitsmittel, mit bedrohlicher Verengung des Bruskorbs

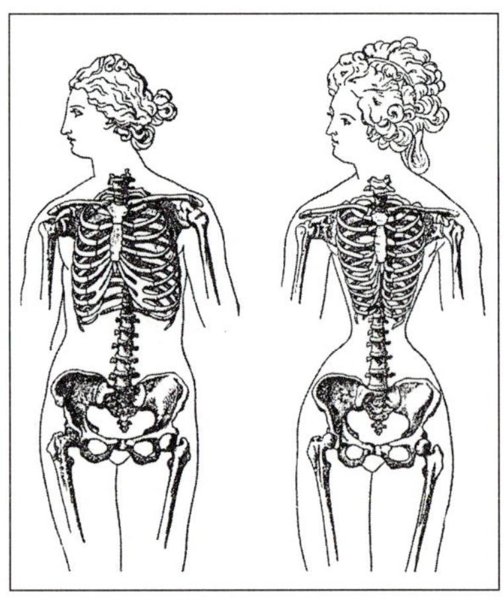

Frauen heute: schlank, aber krank?

Diäten und Abspeckhilfen gibt es heute jede Menge – leider sind aber die Wege zum Wunschgewicht nicht immer ganz unbedenklich: Angefangen von Einseitigkeit in der Kost und zu wenig Abwechslung über komplizierte Zubereitung, fehlenden Geschmack und Unausgewogenheit in der Nährstoffkombination gibt es immer wieder Schwachpunkte bei Diäten. Daß auch eine Diät vollwertig und gesund sein muß, daß also Nährstoffdefizite vermieden werden müssen, wird viel zuwenig beachtet – ebenso wie die psychologischen Momente während und nach einer Diät.

Weil aber heute gutes Aussehen stets mit einer schlanken Figur in Verbindung gebracht wird, ist es nicht verwunderlich, daß die Frauen – und mittlerweile nicht nur sie! – diesem alten Schönheitsideal nachhängen.

Viele bezahlen allein für die schlanke Figur jeden Preis, viele stehen ständig im Diätstreß, viele ruinieren zugleich ihre Gesundheit, viele hungern sich sogar zu Tode.

Und mit der Angst um die Figur macht die Diätbranche ein gutes Geschäft. Wir wissen heute zwar mehr denn je über Gesundheit, Ernährung und Diätetik, dennoch greifen so viele Menschen zu den angepriesenen „Schlankheits- und Wunderpillen" und vertrauen auf Sensationsdiäten mit unrealistischen Abspeckerfolgen, weil andere – normale und gesunde – Wege zur guten Figur zu kompliziert, ja unmöglich erscheinen.

Verzichten fällt auch bei den besten Vorsätzen schwer, Versuchungen sind überall! Um der guten Figur willen werden deshalb heute mehr Fehler gemacht als je zuvor!

An US-amerikanischen Stränden der 30er Jahre: Bewegung und sportliche Aktivität waren schon „in", die schlanke Linie für sie und ihn.

Die beste Diät: kalorienreduzierte Mischkost

Wer abnehmen will, muß wissen: Nur mit einer kalorienreduzierten, ausgewogenen Mischkost speckt man vernünftig ab. Das heißt: von allem etwas, aber nicht zuviel! Vor allem sind nur solche Diäten sinnvoll für eine Dauer über mehrere Wochen, denn Mangelerscheinungen können ausgeschlossen werden. Wer aber auch nach der Diät seine Figur bewahren will, muß seine Ernährungs- und Lebensweise ändern. Alle angepriesenen Präparate, Tees und Pillen haben ohne Einschränkung der Kalorien keine anhaltende Wirkung. Aber es geht besser ohne! Und etwas weniger Bequemlichkeit in vielen Dingen kann ebenfalls helfen, in Form zu bleiben: mehr Bewegung, mehr sportliche Aktivität!

Diätvorschläge für zahlreiche Anlässe, köstliche Rezepte mit wenig Kalorien, Tips zur kalorienarmen Speisenzubereitung, zur Lebensmittelauswahl und zu vielem anderen mehr rund ums figurbewußte Essen und Trinken geben wir Ihnen in den hier folgenden Kapiteln. Wir wünschen Ihnen einen angenehmen Weg zu Ihrem persönlichen Wunschgewicht!

ABNEHMEN BEGINNT IM KOPF

Schlank werden mit Lust statt Frust

Abnehmen beginnt im Kopf

Die Entwicklung des Körpergewichts hängt von vielen Faktoren in unterschiedlichem Maß ab: unsere Kultur, der Lebensraum, die Lebensbedingungen, das soziale Umfeld, Erbanlagen, die individuellen Ernährungsgewohnheiten, die körperliche Aktivität, die Bedürfnisstruktur und nicht zuletzt die Psyche bestimmen schließlich, ob wir rank und schlank durchs Leben gehen oder eher zu den Dickeren gehören.
Während sich kulturelle und soziale Faktoren vom Einzelnen kaum beeinflussen lassen, sind Ernährungsgewohnheiten, Eßverhalten und psychologische Momente stark vom Individuum abhängig und in gewisser Weise veränderbar.

Der Wandel der Ernährungssituation

Heute geht es uns besser denn je: wir haben keinerlei Versorgungsprobleme, wir können uns vieles leisten, auch eine gute Qualität beim Essen und Trinken. Das war nicht immer so: In Kriegs- und Notzeiten bestimmten Angst, Verzicht und Entbehrung die Lebensqualität. Dazu kamen harte Arbeit und schlechte Arbeitsbedingungen. Viele Kinder aus Kriegs- und Nachkriegszeiten entwickelten in den Jahren des Aufschwungs einen regelrechten Nachholbedarf, gleichsam als Entschädigung für schlechte Zeiten. Bei der Ernährung machte sich diese „Konsumsucht" zuerst bemerkbar – so jedenfalls ein nicht unwesentlicher Aspekt zur Häufigkeit von Übergewicht in der Kriegs- und Nachkriegsgeneration. Damals galt es, mit wenig auszukommen und dennoch halbwegs satt zu werden. Dementsprechend wurde gekocht: die Speisen waren zwar nahrhaft und kalorienreich, aber arm an Vitaminen, unausgewogen und nicht vollwertig. Heute müssen wir nicht mehr kochen und essen wie zu Kriegs- und Notzeiten. Unser Nahrungsangebot ist riesig, wir verdienen mehr, wir arbeiten nicht mehr so schwer, wir haben mehr Freizeit, und wir brauchen weniger Kalorien!

Die Ernährungsgewohnheiten - alte Zöpfe!

So wie jedes Verhalten entsteht auch das Ernährungsverhalten durch Erfahrungen und Beobachtungen. Was die Gesellschaft akzeptiert, festigt sich und kann zur Norm, zur Gewohnheit oder Sitte werden, was sie ablehnt, wird unterdrückt oder verliert sich ganz. Während die Gesellschaft und ihre Normen aber einem stetigen Wandel unterliegen, sind Gewohnheiten, Sitten und Gebräuche ziemlich starre Gebilde. Sie werden oft dann noch gepflegt, wenn sie keine echte soziale Bedeutung mehr haben – zum Beispiel aus Tradition. Mit dem Ernährungsverhalten ist es ähnlich: Eßgewohnheiten werden zunächst in der Familie geprägt, später auch durch gesellschaftliche Normen beeinflußt. Doch leben wir heute anders als vor 50 Jahren. Unsere Zeit wird immer schnelllebiger, wir erfahren immer mehr über Gesundheit, Ernährung und Umwelt. Werte, Ideale und Ziele haben sich geändert. Unsere Lebensweise, auch die Ernährung, muß sich anpassen. So wie sich ein Verhalten in einem Lernprozeß erst allmählich ausprägt, kann eine Verhaltensänderung auch nur langsam und Schritt für Schritt erfolgen. Nur dann ist es von Dauer und nur dann fallen wir nicht wieder in alte Gewohnheiten zurück.

Die Rolle der Familie

Ein falsches Eßverhalten geht meist auf die früheste Kindheit in der Familie zurück. Die Familie prägt die ersten Verhaltensnormen, auch in der Ernährung. Vielfach sind solche Normen die Hauptursache für Übergewicht im späteren Leben. Dicke Eltern haben häufig dicke Kinder. Speisen, die Eltern gerne essen, werden meist auch von den Kindern bevorzugt, gleiches gilt für Aversionen gegen bestimmte Speisen. Eßgewohnheiten, Mahlzeitenrhythmus, Sonn- und Feiertagsregeln werden ebenfalls an Kinder weitergegeben. Heute ist bereits fast jeder zweite Bundesbürger zu dick, darunter immermehr Kinder, aber auch sehr viele Senioren. Bereits als Kleinkinder sind viele mehr als nur „Wonneproppen"! Die Familie spielt bei der Entstehung von Übergewicht eine ganz entscheidende Rolle: sie kann von Anfang an ein gesundes Eßverhalten lehren, es festigen und sogar falsche Verhaltensmuster korrigieren. Je fester die Kinder ans Elterhaus gebunden sind, desto intensiver der Einfluß. Leider stoßen neue Ernährungsnormen gerade in übergewichtigen Familien häufig auf Ablehnung. Nötig wären sie vielleicht bei allen, wenn aber in der Familie Verständnis und Einsicht fehlen, wird das Durchhalten für den Diätwilligen sehr schwer.

Schlank durch neues Eßverhalten

Alte Eßgewohnheiten ändern heißt schlanker werden – oder umgekehrt? Bei den meisten Übergewichtigen treffen beide Variationen zu! Ohne Zweifel steht man mit dem Wunsch zum Traumgewicht vor gewaltigen Hürden. Deshalb bedarf es massiver Schützenhilfe von allen Seiten – sonst bleibt alles beim alten! Den Entschluß zur Diät anerkennen, loben und zureden – von Eltern, Freunden und Kollegen können Sie das leider nicht immer erwarten (gut wär's schon!). Verlassen Sie sich zunächst nur auf sich selbst. Es liegt allein an Ihnen, mit eisernem Willen und geschicktem Ablenkungsmanöver den „inneren Schweinehund", der Sie ständig zu alten Ernährungsfehlern verleitet, auszutricksen. So mancher unserer Psycho-Tricks mag lächerlich klingen, doch steckt Erfahrung und Erfolg dahinter. Gerade die psychologischen Momente entscheiden bei Menschen, die wirklich unter Ihrem Übergewicht leiden, über den Erfolg einer Diät und über das „Danach". Leider werden bei sogenannten Sensations- und Blitzkuren diese Faktoren völlig unterschätzt.

Die erfolgreichsten psychologischen Tips und Tricks zum Abnehmen und Durchhalten

*** Aller Anfang ist schwer!**
In Ihrem Entschluß zur Diät dürfen Sie sich durch nichts und niemand beirren lassen. Keiner traut Ihnen zu, daß Sie es ernst meinen. Keiner glaubt, daß Sie es schaffen! Zeigen Sie, daß Sie durchhalten. Statt „Ja bitte" können Sie auch „Nein danke" sagen! Seien Sie hartnäckig – und machen Sie zum ersten Mal andere neidisch auf Sie und Ihre Stärke.

Wie sich die Zeiten wandeln: von der „Trümmerfrau" zur Generation der Übergewichtigen: „Supermarket Shopper" von Duane Hanson, 1970 (Neue Galerie Sammlung Ludwig, Aachen)

*** Zuerst ein Ernährungsprotokoll!**
Einfach einen Tag lang das normale Eß- und Trinkpensum aufschreiben: Die Mengen, die Uhrzeit und den Ort des Geschehens! Lassen Sie alle Lebensmittel noch mal Revue passieren – wenn Sie dann vielleicht ein schlechtes Gewissen haben oder sich im Nachhinein ärgern, so ist das eine gute Voraussetzung für den Beginn einer Diät!

*** Stellen Sie Ihr Übergewicht fest!**
Wiegen Sie sich ohne Kleidung und Schuhe. Aus Gewicht und Körpergröße können Sie Ihr Normalgewicht (Broca-Sollgewicht) errechnen und das „Zuviel" ermitteln: Körpergröße (in cm) minus 100 ergibt das Normalgewicht in kg. Beispiel: Bei 165 cm Körpergröße beträgt das Normalgewicht 165–100 = 65 kg. Was darüberliegt, ist zuviel! Setzen Sie sich jetzt Ihr Abspeckziel, aber denken Sie daran: Der Weg zum Wunschgewicht sollte ein Weg der kleinen Schritte sein! Also das Ziel nicht zu hoch stecken, denn Sie setzen sich damit einem Druck aus, der die Diät zum Scheitern bringt.

*** Weg mit den Versuchungen!**
Süßigkeiten, Knabberzeug und alle anderen Versuchungen verschenken Sie am besten. Sorgen Sie vor allem dafür, daß keine angebrochenen Packungen vorhanden sind.

*** Das abschreckende Beispiel!**
Kleben Sie ein Foto von sich, das Sie besonders unvorteilhaft und dick zeigt, an den Kühlschrank. Daneben schreiben Sie Ihr momentanes Gewicht. Durchkreuzen Sie die Zahl mit einem Rotstift und setzen Sie daneben Ihre Wunschzahl bzw. Ihr erstes Diätziel.

*** Wunder gibt es nicht!**
Bleiben Sie auf dem Teppich, wenn Sie mit einer Diät anfangen! Was Sie sich in Monaten und Jahren angefuttert haben, werden Sie in einer Woche nicht los! Realistisch ist, pro Woche 1 Kilo Fettgewebe abzuspecken, wenn täglich nur 1200 kcal zugeführt werden. Der tatsächliche Gewichtsverlust ist etwas höher, denn Sie verlieren auch Wasser. 1 Kilo Fettgewebe entspricht 6000–7000 kcal. Wer dies gegenüber der empfohlenen Energiemenge (z.B. 2200 kcal für Frauen mit leichter Arbeit) einspart, speckt 1 Kilo Fett ab! Gehen Sie deshalb nicht von Ihrer normalen Kalorienzufuhr aus, sondern von der empfohlenen! Sportliche Betätigung steigert den Gewichtsverlust.

*** Ohne Waage geht es nicht!**
Gemeint ist diesmal die Küchenwaage! Besorgen Sie sich eine gute Waage, die grammgenau auch kleine Mengen (1 EL, 20 g, 10 g etc.) wiegt. Die Anschaffung lohnt sich.

*** Jetzt geht's um Kalorien!**
Dafür brauchen Sie eine gute Nährwerttabelle mit dem aktuellsten Stand! Blättern Sie vor der Diät mal die Lebensmittel aus Ihrem Protokoll nach und rechnen Sie die Kalorien aus. Die Angaben der Tabellen beziehen sich immer auf 100 g. Übrigens: solche Tabellen sind zum Nachschlagen da. Benutzen Sie sie so oft wie möglich, während und natürlich auch nach der Diät!

*** Der Vorspeisentrick**
Eine kleine Vorspeise (Brühe mit Kräutern, Rohkost) zum Mittag- oder Abendessen nimmt den ersten Hunger, beschäftigt den Magen und verhindert, daß Sie beim Hauptgericht zusehr zugreifen. Wichtig: langsam essen!

*** Sie kaufen ein!**
Die Diätvorschläge liegen vor Ihnen, Sie brauchen nur noch auszusuchen, was für Sie in Frage kommt. Nun schreiben Sie einen Einkaufszettel und ziehen los – aber bitte nicht mit knurrendem Magen, denn dann ist die Diät bereits nach dem Einkauf zu Ende! Wer hungrig einkauft, kauft mehr und vor allem auch vieles, was die Diät in Gefahr bringt. Vorher z.B. Obst, Rohkost, Knäckebrot mit Kräuterquark essen.

*** Der Brötchentrick**
Schneiden Sie Ihr Frühstücksbrötchen nicht wie gewohnt quer durch, sondern schneiden Sie Scheiben wie von einem Brotlaib ab. Wenn Sie alle Scheibchen (sparsam belegt!) verzehrt haben, fühlen Sie sich so satt, als hätten Sie zwei oder drei Brötchen in gewohnter Manier gegessen! An vielen kleinen Scheibchen essen Sie länger als an einer ganzen Semmel – Sie werden davon rascher satt! Übrigens: Erst nach etwa 15 Minuten stellt sich das Sättigungsgefühl ein. Wer schnell ißt, ißt mehr, bis er eine Sättigung verspürt!

*** Augenschmaus nach Punkten!**
Das Auge ißt mit. Richten Sie alle Speisen appetitlich an, als bekämen Sie Punkte für den optischen Eindruck Ihres Essens. Setzen Sie sich zum Essen immer an den Tisch. Nie im Stehen essen oder nebenbei, während Sie zum Beispiel die Zeitung lesen oder fernsehen. Konzentrieren Sie sich voll aufs Essen!

Abnehmen beginnt im Kopf

**** Der Tellertrick***
Nehmen Sie für Ihre kleinen Eßrationen auch kleinere Teller! Dann sieht die Portion größer aus! Essen Sie langsam, legen Sie das Besteck zwischendurch öfter beiseite!

**** Appetit oder Hunger?***
Das ist zweierlei! Hunger haben Sie, wenn der Blutzucker stark abgefallen ist, der Magen sich meldet, Sie sich auf die Arbeit nicht mehr konzentieren können, kälteempfindlich und nervös werden. Appetit kann man immer haben, sogar unmittelbar nach dem Essen! Verwechseln Sie Appetit nicht mit Hunger und achten Sie auf die untrüglichen Hungerzeichen des Körpers!

**** Der Trick mit den Zwischenmahlzeiten!***
Hunger zwischen den Hauptmahlzeiten ist ganz normal. Stillen Sie ihn mit kleinen, leichten Snacks! Der Blutzuckerabfall wird dadurch gebremst, die Leistungsfähigkeit bleibt erhalten und Heißhunger zu den Hauptmahlzeiten wird vermieden. Wer sich nämlich heißhungrig an den Mittagstisch setzt, greift hemmungslos zu und ißt unkontrolliert. Das Ende jeder Diät!

Diät unter Beteiligung des Ehegatten
Aus: Peter Gaymann, „Schöner Essen"

**** Vier Punkte für den Sport!***
Bewegung unterstützt den Erfolg jeder Diät! Erstens wird mehr Energie verbrannt, Sie nehmen schneller ab. Zweitens wird der Körper trainiert, Fettgewebe wird teilweise zum Muskelgewebe, schwabbeliges Gewebe wird fester, die Problemzonen für den Fettansatz werden straffer. Drittens lenkt Sport vom Essen ab, und viertens werden durch sportliche Verausgabung Hormone freigesetzt, die uns ein Glücksgefühl vermitteln. Für eine Diät sind solche positiven Erlebnisse ungeheuer wichtig.

**** Die Sache mit der Einladung!***
Sie sind eingeladen? Hingehen kann die Diät gefährden, Absagen vielleicht sogar die Freundschaft? So schlimm muß es nicht sein! Wer sich gut im Griff hat, sagt zu und begnügt sich mit Salat und Mineralwasser. Wer anderen beim Essen nicht zusehen kann, sollte das Essen verschieben. Stellen Sie sich einfach vor, wie toll Sie nach 2-3 Wochen Diät aussehen werden!

Abnehmen beginnt im Kopf

*** Diät in Gesellschaft!**
Geteiltes Leid ist halbes Leid, geteilte Freude ist doppelte Freude – vielleicht specken Sie gemeinsam mit dem Partner oder einer Kollegin ab? Das spornt an und bringt immer wieder Gesprächstoff rund um die Kalorien. Für Ihr Ernährungswissen sind solche Diskussionen ideal. Sie lernen vor allem wichtige Dinge für die Zeit nach der Diät! Überlegen Sie doch mal, eine „Diätparty" für alle Diätwilligen zu veranstalten! Vielleicht bringt dazu jeder etwas Kalorienarmes mit?

*** „Verzicht-Kalorien" zählen!**
Registrieren Sie nicht nur, was Sie essen und trinken, sondern zählen Sie doch mal zusammen, was Sie nicht gegessen bzw. abgelehnt haben. Angefangen von der Praline bis hin zum „schnellen Snack" aus der Imbißbude kommt schnell einiges zusammen. Wer eisern ist, kann täglich viele „Verzicht-Kalorien" verbuchen - das baut auf!

Essen mit Lust statt mit Frust

*** Übergewicht ist unser Ernährungsproblem Nr. 1!**
Zahlreiche Studien belegen dies. Etwa 39% der Männer und 47% der Frauen in der gesamten Bundesrepublik haben Übergewicht. Besonders betroffen sind Personen über 35 Jahre. Die Folgen der Überernährung sind für unsere Gesellschaft kaum noch bezahlbar, werden die Kosten der Folgekrankheiten doch auf über 60 Milliarden Mark pro Jahr geschätzt! Übergewicht ist ein wesentlicher Risikofaktor für Diabetes Typ II, Gicht, Fettstoffwechselstörungen, Magen-Darm-Erkrankungen und Herz-Kreislaufstörungen mit all ihren lebensbedrohlichen Folgen. Mit jedem Kilo Fettgewebe, das Sie abspecken, tun Sie nicht nur etwas für die Figur, sondern auch für die Gesundheit: Sie erhöhen Ihre Lebensqualität und Ihre Lebenserwartung!

*** Abnehmen ist ein Weg der kleinen Schritte**
Wer abnehmen will (oder muß), muß umdenken beim Essen und Trinken. Es ist belegt, daß der Geschmack beim Essen für uns das wichtigste Kriterium ist, egal, wieviele Kalorien drin stecken. Das müssen wir bei jeder Diät bedenken. Wenn sie nicht schmeckt, funktioniert die beste Diät nicht! Damit es aber schmeckt, können Sie vieles beitragen: Verwenden Sie kalorienarme Produkte, die gut sättigen und trotzdem kalorienarm sind. Meiden Sie „leere" Kalorien, wie sie vor allem in Süßigkeiten, zuckerhaltigen Getränken und Alkohol stecken. Probieren Sie doch zunächst mal, nur diese Produkte zu vermeiden. Wenn Sie damit etwas abnehmen bzw. Ihr Gewicht halten, tun Sie den nächsten Schritt: essen Sie leichter, schränken Sie Fett ein! Vielleicht genügt schon dieser Weg der kleinen Schritte, um zu Ihrem persönlichen Wunschgewicht zu gelangen.

Lieber Qualität als Quantität: dazu gehört auch das leckere Anrichten – vielleicht auch einmal, siehe rechts, fernöstlich

*** Die Frische wiederentdecken!**
Frisches Obst und Gemüse, dazu Kräuter, frischgepreßte Säfte und frische Milchprodukte helfen beim Abnehmen! Sie schmecken nicht nur besser als konservierte Ware, sondern sie versorgen den Körper mit Vitaminen, Mineralien und Ballaststoffen, die er trotz Diät täglich benötigt. Außerdem können Sie bei der Verarbeitung von Frischkost vieles lernen und ausprobieren, was Ihrer Figur auch nach der Diät zugute kommt: Verfeinern mit ganz wenig Fett, würzen ohne Salz, vitaminschonend garen und vieles mehr!

*** Lieber Qualität statt Quantität!**
Weniger kann hier durchaus mehr sein. Das heißt, lieber weniger essen, dafür aber mehr Geschmack und Qualität genießen. Geben Sie Ihrem Essen ruhig auch mal den Hauch von etwas Besonderem, denn wie wir wissen, kommt es beim Essen primär auf den Geschmack an: gönnen Sie sich doch mal Seezunge, Krabben, exotische Früchte (meist nicht teurer als einheimische!), mageres Fleisch wie Putenbrust, Lende, Beefsteak oder ähnliches. Lassen Sie sich aber alles genau abwiegen und prüfen Sie die Nährwerte über Ihre Kalorientabelle. Entwickeln Sie ruhig auch während des Diätprogramm etwas Eigeninitiative, dann kommen Sie „danach" schon besser zurecht.

***Mit feiner Zunge abschmecken!**
Wählen Sie auch hier das Besondere und lösen Sie sich etwas vom „Pfeffer-und-Salz-Standardgeschmack". Salz zählt übrigens gar nicht zu den Gewürzen. Es sollte erst als letzte Zutat, evtl. nur zur Geschmacksabrundung zugegeben werden. Salz begünstigt nicht nur Bluthochdruck, durch das Zurückhalten von Wasser im Körper bremst es auch die Gewichtsabnahme. Wer schon bald einen Gewichtsverlust auf der Waage ablesen möchte, kommt ohne Salzeinschränkung nicht aus. Übrigens: an eine salzarme Kost gewöhnt man sich recht schnell, wenn man den Speisen mit frischen Kräutern, Gewürzen, frischgeriebenem Meerrettich und Zitronensaft etwas Pfiff gibt. Das Essen schmeckt frischer und ist oft auch bekömmlicher, weil Gewürze und Kräuter die Produktion von Verdauungssäften anregen.

***Kalorienbewußt denken und handeln**
Denken Sie nicht nur beim Essen an die Kalorien, sondern schon beim Einkaufen. Sprechen Sie auch mal mit Bekannten und Kollegen über Fragen der Ernährung und über das Kalorienproblem. Dadurch stärken Sie Ihr Wissen über die verschiedenen Lebensmittel – und das wiederum hilft Ihnen bei der Speisenplanung. Denn schließlich wollen Sie Ihr Wunschgewicht halten und auch nach der Diät bewußter essen.

***Abnehmen im Büro?**
Immer wieder beklagen sich Berufstätige, weil sie es viel schwerer haben, eine Diät durchzuhalten. Im Grunde haben sie es aber leichter als zum Beispiel eine Hausfrau, die den ganzen Tag zuhause ist, Kinder betreut, Einkäufe erledigt, Hausarbeit und Essen macht. Während sie Versuchungen nur schwer widerstehen kann, brauchen Sie als Büroangestellte lediglich die Kantine zu meiden und Ihr Essen - selbstverständlich diätgerecht zubereitet! - selbst mitzubringen! Etwas Disziplin muß natürlich sein, aber ohne sie geht es bei keiner Diät. Reduzieren Sie die Versuchungen im Büro (Konfekt, Bonbons, Kuchen) und vermeiden Sie vor allen Dingen Heißhunger: eine Büro-Diät ist immer eine Diät mit kleinen (kalorienarmen) aber sättigenden Snacks zwischendurch! Am Abend essen Sie zuhause eine leichte, warme Mahlzeit. Wer dennoch in der Kantine essen will, sollte sich auf leichte Salate und Gemüsegerichte beschränken. Eine schöne bunte Salatplatte ist stets etwas für Augen, Gaumen und hungrigem Magen! Oft gibt es auch magere Fisch- und Geflügelgerichte.

Kefir
Buttermilch

FAHRPLAN ZUR IDEAL-FIGUR!

Die besten Tages-, Wochenend- und Wochen-Diäten

BANANEN-TAG

Bananen sollten in keiner Diät fehlen. Sie sättigen gut, und ihr Nährstoffverhältnis ist für Figurbewußte ideal: 1.1g Eiweiß, 18.8g Kohlenhydrate und kaum (0.2 g!) Fett macht zusammen 81 kcal pro 100 g! Außerdem liefert das beliebte „Langobst" reichlich Kalium und Magnesium, wichtige Mineralien, die gerade in Diäten oft zu kurz kommen. Ein Bananen-Tag dient vor allem dazu, den Körper zu entwässern. Der hohe Gehalt an sättigenden Kohlenhydraten sorgt für anhaltende Leistungsfähigkeit und Fitness.

FRÜHSTÜCK:

BANANEN-PUMPERNICKEL MIT QUARK, BANANENDRINK

1 Scheibe (50 g) Pumpernickel
1 EL (30 g) Magerquark
1 mittlere Banane (125 g geschält)
125 ml Multivitamin-Drink

Pumpernickelscheibe mit Quark bestreichen. Banane in Scheiben schneiden und die Hälfte auf das Brot legen. Restliche Bananenscheiben mit Multivitamindrink pürieren.

7.9 g Eiweiß, 0.8 g Fett, 61.8 g Kohlenhydrate (5.2 BE), 293 kcal (1226 kJ)

ZWISCHENDUCH:

BANANEN-KIWI-SALAT

1 kleine Banane (100 g geschält)
1 Kiwi (70 g)
1 TL (3 g) Weizenkleie
1 TL (5 g) Zitronensaft, Süßstoff

Banane und Kiwi schälen, kleinschneiden und mit Kleie, Zitronensaft und Süßstoff mischen.

2.2 g Eiweiß, 0.8 g Fett, 26.7 g Kohlenhydrate (2.2 BE), 123 kcal (515 kJ)

MITTAGESSEN:

BANANEN-REISAUFLAUF

1 kleine Banane (100 g geschält)
1 Ei (Gew. Kl. 4.)
1 EL (10 g) Zitronensaft
1 Becher (200 g) Leichtkost-Milchreis "natur"
2 EL eingeweichte Weizenkörner (= 15 g trockene Körner) oder Mandelblättchen

Banane in Scheiben schneiden. Ei trennen, Eigelb schaumig schlagen und unter den Milchreis mischen. Eiweiß mit Zitronensaft steifschlagen und unter den Reis heben. Die Körner unterziehen und die Masse zur Hälfte in eine kleine, hitzefeste Form füllen. Darauf die Bananenscheiben verteilen, restliche Reismasse darübergeben. Auflauf im vorgeheitzten Backofen bei 200°C 15 Minuten backen.

17.4 g Eiweiß, 8.3 g Fett, 52.1 g Kohlenhydrate (4.3 BE), 353 kcal (1477 kJ)

ZWISCHENDURCH:

BANANEN-VITAMIN-COCKTAIL

125 ml Multivitamin-Drink
kleine Banane (50 g geschält)
1 TL (3 g) Kleie

Multivitamindrink, zerdrückte Bananenhälfte und Kleie im Mixer verquirlen.

1.0 g Eiweiß, 0.3 g Fett, 25.3 g Kohlenhydrate (2.1 BE), 115 kcal (481 kJ)

ABENDESSEN:

WÜRZIGER BANANEN-GEMÜSESALAT

1 kleine Fenchelknolle (200 g geputzt, mit Grün)
1 TL (5 g) Butter
Pfeffer, Salz, Süßstoff
200 g Bleichsellerie mit Grün
1 1/2 kleine Bananen (150 g geschält)
2 EL (20 g) Zitronensaft
100 g fettarmer Kefir

Fenchelknolle waschen, putzen und kleinschneiden. Butter erhitzen, Fenchel darin andünsten und mit Pfeffer, Salz und Süßstoff würzen. Bleichsellerie putzen und kleinschneiden, mit Fenchel mischen. Bananen schälen, in Scheiben schneiden und mit Zitronensaft mischen. Kurz durchziehen lassen, dann samt dem Saft unter das Gemüse mischen. Kefir mit Pfeffer und Salz würzen und den Salat damit anmachen. Etwas durchziehen lassen.

12.7 g Eiweiß, 7.0 g Fett, 48.0 g Kohlenhydrate (4.0 BE), 312 kcal (1305 kJ)

ERDBEER-TAG

Des Deutschen Lieblingsobst, die Erdbeere, eignet sich prima, um Pfunde zu verlieren! Pro 100 g enthält sie nur 33 kcal, bietet aber dabei eine ganze Menge wertvoller Mineralien, Spurenelemente und Vitamine. Erdbeeren helfen den Körper zu entwässern, sie regen die Nieren und den Darm an.

FRÜHSTÜCK:

ERDBEER-MILCHREIS-MÜSLI

150 g Erdbeeren
1 TL (5 g) Zitronensaft
1 Becher (200 g) Leichtkost-Milchreis „natur"
1 Scheibe (10 g) Knäckebrot
30 g Schmelzkäse, 20% F.i.Tr.

Erdbeeren waschen, putzen, kleinschneiden und mit dem Zitronensaft unter den Milchreis mischen. Knäckebrot mit Schmelzkäse bestreichen.

15.3 g Eiweiß, 4.8 g Fett, 41.2 g Kohlenhydrate (3.4 BE), 272 kcal (1138 kJ)

ZWISCHENDURCH:

ERDBEER-ORANGENSHAKE

150 g Erdbeeren
5 EL (50 ml) Orangensaft
100 g Reine Buttermilch, Süßstoff

Erdbeeren waschen, putzen und zerdrücken, mit den übrigen Zutaten verquirlen und Drink abschmecken.

5.3 g Eiweiß, 1.5 g Fett, 19.2 g Kohlenhydrate (1.6 BE), 118 kcal (494 kJ)

MITTAGESSEN:

VORSPEISENSALAT MIT ERDBEEREN, LEBERTOAST

50 g Kopfsalat
½ kleine Banane (50 g geschält)
100 g Erdbeeren
3 EL (30 g) Reine Buttermilch
1 EL (10 ml) Orangensaft
Pfeffer, Salz, Süßstoff
1 TL (5 g) Butter
1 Scheibe Kalbsleber (80 g)
etwas Majoran
1 Scheibe Toastbrot (30 g)
1 kleiner Apfel (100 g)

Salat waschen, putzen und zerpflücken. Banane schälen und in Scheiben schneiden. Erdbeeren waschen, putzen und halbieren, mit den Bananenscheiben unter den Salat mischen und das Ganze mit einer Sauce aus Dickmilch, Orangensaft, Pfeffer, Salz und Süßstoff anmachen. Butter in einer beschichteten Pfanne erhitzen, die Leber von beiden Seiten darin braten, mit Pfeffer, Salz und Majoran würzen. Vom Apfel das Kernhaus ausstechen, Frucht in Scheiben schneiden und kurz mitdünsten. Apfelscheiben und Leber auf das geröstete Toastbrot legen.

21.0 g Eiweiß, 10.3 g Fett, 47.0 g Kohlenhydrate (3.9 BE), 367 kcal (1536 kJ)

ZWISCHENDURCH:
ERDBEERDICKMILCH

150 g Dickmilch, 3.5% Fett
1 TL (3 g) Kleie
1 TL (5 g) Zitronensaft, Süßstoff
100 g Erdbeeren

Dickmilch mit Kleie, Zitronensaft und Süßstoff verrühren. Erdbeeren waschen, putzen, zerdrücken und unter die Dickmilch mischen.

7.2 g Eiweiß, 5.9 g Fett, 13.9 g Kohlenhydrate (1.2 BE), 142 kcal (594 kJ)

ABENDESSEN:
ERDBEERQUARKSPEISE

125 g Magerquark
5 EL (50 g) Reine Buttermilch
1 EL eingeweichte Weizenkörner (=7 g trockene Körner)
1 EL (10 g) Zitronensaft
200 g Erdbeeren, Süßstoff
1 Scheibe (45 g) Roggenvollkornbrot

Quark mit Buttermilch, Weizen und Zitronensaft verrühren. Erdbeeren waschen, putzen und zerdrücken, unter den Quark mischen und das Ganze mit Süßstoff abschmecken. Dazu das Brot servieren.

24.5 g Eiweiß, 2.5 g Fett, 43.2 g Kohlenhydrate (3.6 BE), 297 kcal (1243 kJ)

Insgesamt: 73.3 g Eiweiß, 2.5 g Fett, 43.2 g Kohlenhydrate (13.7 BE), 1196 kcal (5004 kJ)

GEMÜSE-TAG

FRÜHSTÜCK:
TOMATENBROT, JOGHURT UND TOMATENSAFT

1 Scheibe (45 g) Roggenvollkornbrot
2 TL (10 g) Halbfettmargarine
100 g Tomaten
1 EL (5 g) Kresse
1 Becher (200 g) extraleichter Fruchtjogurt „Mandarine/Orange"
1 EL Weizensprossen (= 7 g trockene Körner)
0.2 l Tomatensaft

Brot mit Halbfett bestreichen, die in Scheiben geschnittenen Tomaten darauf legen und mit Kresse garnieren. Joghurt mit Sprossen mischen. Dazu Tomatensaft servieren.

15.1 g Eiweiß, 5.4 g Fett, 47.5 g Kohlenhydrate (4.0 BE), 299 kcal (1251 kJ)

ZWISCHENDURCH:
TOMATENKEFIR

200 g fettarmer Kefir
100 ml Tomatensaft
Tabasco, Pfeffer, Salz, Schnittlauchröllchen

Kefir mit Tomatensaft und den Würzzutaten verquirlen, abschmekken.

8.2 g Eiweiß, 3.1 g Fett, 11.9 g Kohlenhydrate (1.0 BE), 115 kcal (481 kJ)

MITTAGESSEN:
GEMÜSE-EINTOPF

300 ml Brühe (Instant oder Würfel)
1/2 Paket (150 g) TK-Suppengemüse
100 g rote Bohnen (Dose)
100 g Kartoffeln
1 Scheibe (30 g) gekochter Schinken ohne Fettrand
Pfeffer, Salz

Brühe nach Anweisung herstellen, das Suppengemüse und die geschälte, gewürfelte Kartoffel darin 10 Minuten garen. Bohnen und gewürfelten Schinken dazugeben, heiß werden lassen und Suppe abschmecken.

23.4 g Eiweiß, 7.0 g Fett, 51.0 g Kohlenhydrate (4.3 BE), 357 kcal(1494 kJ)

NACHMITTAGS:
DICKMILCH MIT MIXED PICKLES

$^{1}/_{2}$ Becher (Gesamtinhalt 175 g) Sahne-Dickmilch
100 g Mixed Pickles

Mixed Pickles kleinschneiden und unter die Sahne-Dickmilch mischen.

4.2 g Eiweiß, 8.8 g Fett, 7.9 g Kohlenhydrate (0.7 BE), 127 kcal (531 kJ)

ABENDESSEN:
KARTOFFEL-GEMÜSE-GRATIN

150 g Tomaten
100 g Zucchini
150 g gekochte Kartoffeln
Rosmarin, Majoran, Basilikum
Pfeffer, Salz, Knoblauch
2 EL (50 g) Sahne-Dickmilch
2 EL (20 g) geriebener Emmentaler
0.2 l Tomatensaft

Tomaten, Zucchini und gekochte Kartoffeln in Scheiben schneiden. Alles in eine hitzefeste Form schichten, mit den Gewürzen und Kräutern bestreuen. Sahne-Dickmilch mit Käse verrühren und die Mischung auf dem Gemüse verteilen. Im vorgeheizten Backofen bei 200°C ca. 15 Minuten backen. Mit Tomatensaft servieren.

15.3 g Eiweiß, 12.1 g Fett, 38.1 g Kohlenhydrate (3.2 BE), 329 kcal (1377 kJ)

Insgesamt: 66.2 g Eiweiß, 36.4 g Fett, 156.4 g Kohlenhydrate (13.0 BE), 1227 kcal (5134 kJ)

GURKEN-TAG

Die Gurke ist eine der kalorienärmsten und wasserreichsten Gemüsearten. 100 g enthalten nur 13 kcal, kaum Fett und fast 96% Wasser. Deshalb sind Gurken für eine Diät besonders gut geeignet. Durch ihren hohen Wassergehalt sind sie sehr erfrischend. Gurken vertragen sich gut mit frischen Kräutern und vielerlei Gewürzen. Sie lassen sich auf zahlreiche Arten zubereiten und toll kombinieren.

FRÜHSTÜCK:
GURKENBROT MIT KRÄUTER-FRISCHKÄSE

1 Scheibe (45 g) Roggenvollkornbrot
1 TL (5 g) Halbfettmargarine
1 Stück Salatgurke (100 g)
2 EL (50 g) körniger Frischkäse
1 EL (5 g) feingewiegte Kräuter
Pfeffer, Salz
evtl. einige eingeweichte Weizenkörner
1 TL (5 g) gehackte Haselnüsse
1 Becher (200 g) extraleichter Kirschjoghurt

Brot mit Halbfett bestreichen, Gurke waschen oder schälen, in Scheiben auf das Brot legen und Frischkäse darüber verteilen. Mit Kräutern, Gewürzen, Körnern und Nüssen bestreuen. Dazu Joghurt servieren.

19.6 g Eiweiß, 8.3 g Fett, 39.6 g Kohlenhydrate (3.3 BE), 313 kcal (1310 kJ)

ZWISCHENDURCH:
GURKENKEFIR

1 Stück Salatgurke (150 g)
175 g fettarmer Kefir
1 TL (5 g) Zitronensaft

Pfeffer, Knoblauchpulver, Salz
2 EL (10 g) feingewiegter Dill

Gurke schälen, kleinschneiden, mitden übrigen Zutaten durchmixen und Drink abschmecken.

7.8 g Eiweiß, 3.2 g Fett, 11.8 g Kohlenhydrate (1.0 BE), 114 kcal (477 kJ)

MITTAGESSEN:

GEFÜLLTE GURKE, ÜBERBACKEN

1 Stück Salatgurke (250 g)
50 g Hackfleisch (halb und halb)
kleine Zwiebel (10 g)
2 EL (10 g) feingewiegte Petersilie
1 Ei (Gew. Kl. 4)
Pfeffer, Salz, Paprika edelsüß
1 Scheibe (10 g) Knäckebrot
2 EL (25 g) geriebener Emmentaler

Gurke schälen, längs halbieren und die Kerne herausschaben. Die Hälften 3 Min. in kochendem Salzwasser ziehen lassen, abtropfen lassen. Hackfleisch mit gehackter Zwiebel, gewiegter Petersilie, Gewürzen und Ei vermischen. Knäckebrot reiben und Brösel untermischen. Masse in die Gurkenhälften füllen und mit geriebenem Käse bestreuen. Die Gurkenhälften in eine hitzefeste Form setzen, im Backofen bei 200°C etwa 20 Minuten überbacken.

27.0 g Eiweiß, 24.4 g Fett, 14.0 g Kohlenhydrate (1.2 BE), 388 kcal (1623 kJ)

ZWISCHENDURCH:

GURKENROHKOST

1 Stück (200 g) Salatgurke
5 Radieschen (30 g)
2 EL (10 g) feingewiegte Petersilie
Pfeffer, Salz
1 TL (5 g) Zitronensaft
5 EL (50 g) fettarmer Kefir
1 Scheibe (10 g) Knäckebrot

Gurke schälen und kleinschneiden. Radieschen waschen, putzen und kleinschneiden, unter die Gurken mischen. Mit Petersilie, den Würzzutaten, Zitronensaft und Kefir anmachen und mit Knäcke servieren.

4.8 g Eiweiß, 1.4 g Fett, 15.2 g Kohlenhydrate (1.3 BE), 95 kcal (397 kJ)

ABENDESSEN:

HERZHAFTE GURKENKALTSCHALE

250 g fettarmer Kefir
Pfeffer, Salz, Knoblauchpulver
1 EL (10 g) Zitronensaft
1 Stück (200 g) Salatgurke
100 g Maiskörner aus der Dose
100 g Kirschtomaten
½ kleine, gehackte Zwiebel (10 g)
2 EL (10 g) feingewiegte Kräuter

Kefir mit den Würzzutaten verquirlen. Gurke waschen, kleinschneiden, mit Mais, halbierten Tomaten, Zwiebel und Kräutern mischen und den Kefir darübergeben.

15.4 g Eiweiß, 6.0 g Fett, 41.0 g Kohlenhydrate (3.4 BE), 287 kcal (1201 kJ)

Insgesamt: 74.6 g Eiweiß, 43.3 g Fett, 121.6 g Kohlenhydrate (10.0 BE), 1197 kcal (5008 kJ)

KEFIR-TAG

Mit Kefir, einem klassischen Sauermilchprodukt, kann man auf sehr angenehme Art abspecken. Er enthält alle lebensnotwendigen Nähr- und Aufbaustoffe der Milch, ist gut bekömmlich, verdauungsfördernd und sehr vielseitig. Charakteristisch für ihn sind die Kefirkulturen. Sie geben ihm das unverwechselbare Aroma, die typische Spritzigkeit und die erfrischende Wirkung. Zum Abnehmen eignet sich der fettarme Kefir in flüssig-sämiger Form am besten. 100 g haben nur 49 kcal, dabei aber reichlich Mineralstoffe, Vitamine und die verdauungsfördernde Milchsäure.

FRÜHSTÜCK:

ANANAS-KEFIR-MÜSLI

2 kleine Scheiben Ananas (à 35 g) aus der Dose
2 EL eingeweichte Weizenkörner (=15 g trocken)
2 EL (20 g) Vollkornhaferflocken
1 TL (3 g) Weizenkleie
1 EL (10 g) Weizenkeime
1 TL (5 g) Zitronensaft
100 g fettarmer Kefir, Süßstoff
3 EL (10 g) Cornflakes

Ananasscheiben kleinschneiden und mit Weizen, Haferflocken, Kleie und Weizenkeimen mischen. Zitronensaft und Kefir untermischen und Müsli mit Süßstoff abschmecken. Cornflakes darüberstreuen.

12.5 g Eiweiß, 4.6 g Fett, 53.5 g Kohlenhydrate (4.5 BE), 301 kcal (1259 kJ)

ZWISCHENDURCH:

WÜRZIGER KRÄUTERKEFIR

1 Kästchen Kresse (10 g)
1 EL (5 g) andere frische Kräuter (z.B. Kerbel, Dill etc.)

200 g fettarmer Kefir
Pfeffer, Salz, Knoblauchpulver, Zitronensaft,
geriebener Meerrettich

Kresse zusammen mit den anderen grobgehackten Kräutern und Kefir durchmixen, Drink würzen.

8.0 g Eiweiß, 3.2 g Fett, 9.5 g Kohlenhydrate (0.8 BE), 105 kcal (439 kJ)

MITTAGESSEN:

FRISCHE GEMÜSE-KEFIR-KALTSCHALE

1 Stück Salatgurke (150 g)
3-4 Kirschtomaten (50 g)
1 gelbe Paprikaschote (75 g geputzt)
1 kleine Zwiebel (10 g)
1 kleine Fenchelknolle (125 g)
1 EL (10 g) Zitronensaft
1 Kästchen Kresse (10 g)
je 1 Zweig Zitronenmelisse und Thymian, Pfeffer, Salz, Knoblauchpulver, Süßstoff
200 g fettarmer Kefir
1 Stück Baguette (50 g)
2 TL (10 g) Halbfettmargarine

Gurke schälen und würfeln. Tomaten waschen und halbieren, Paprika waschen, putzen und würfeln. Zwiebelhälfte, dann das zerkleinerte Gemüse mischen. Fenchel waschen, putzen und kleinschneiden. Mit Zitronensaft, grobgehackter Kresse, Zitronenmelisse- und Thymianblättchen durchmixen, dann den Kefir untermixen. Die Mischung mit den Würzzutaten abschmecken und über das Gemüse gießen. Dazu Baguette, bestrichen mit Halbfett, servieren.

17.4 g Eiweiß, 8.9 g Fett, 50.5 g Kohlenhydrate (4.2 BE), 361 kcal (1510 kJ)

ZWISCHENDURCH:

FRUCHTCOCKTAIL MIT ZIMTKEFIR

1 kleine Scheibe Ananas (35 g) aus der Dose
1 kleiner Apfel (100 g)
100 g fettarmer Kefir
Süßstoff, etwas Zimt

Ananasscheibe kleinschneiden. Apfel waschen, entkernen und Fruchtfleisch würfeln, mit den Ananasstücken mischen. Kefir mit Süßstoff und Zimt abschmecken und über die Früchte geben.

4.0 g Eiweiß, 2.3 g Fett, 23.4 g Kohlenhydrate (1.9 BE), 133 kcal (556 kJ)

ABENDESSEN:

HERZHAFTES PFANNENGEMÜSE, ÜBERBACKEN

1 kleine Fenchelknolle (125 g)
1 gelbe Paprika (75 g geputzt)
1 kleine Zwiebel (10 g)
1 Scheibe (25 g) gekochter Schinken ohne Fettrand

1 TL (5 g) Butter
1 Ei (Gew. Kl. 4)
5 EL (50 g) fettarmer Kefir
1 EL (10 g) geriebener Emmentaler
Pfeffer, Salz
1 EL (5 g) feingewiegte Petersilie

Fenchel putzen und würfeln. Paprika waschen, putzen und in Streifen schneiden. Zwiebelhälfte hacken. Schinken in Streifen schneiden. Eine beschichtete Pfanne mit Butter erhitzen, Schinken und Zwiebel darin andünsten. Das Gemüse dazugeben, kurz andünsten und zugedeckt 5 Minuten schmoren lassen, würzen. Ei mit Kefir verquirlen, den Käse untermischen, Mischung über das Gemüse gießen und zugedeckt stocken lassen. Mit gehackter Petersilie bestreut servieren.

20.6 g Eiweiß, 18.0 g Fett, 13.2 g Kohlenhydrate (1.1 BE), 300 kcal

Insgesamt: 62.5 g Eiweiß, 37.0 g Fett, 150.1 g Kohlenhydrate (12.5 BE), 1200 kcal (5021 kJ)

ROHKOST-TAG

Gesund abnehmen und trotzdem richtig sattwerden, das funktioniert prima mit Rohkost! Denn rohes Obst und Gemüse liefert viele Vita-mine und reichlich Füllstoffe für Magen und Darm. Verwenden Sie aber auch frische Kräuter und Sprossen, denn auch sie steuern Vitamine, Mineralien und Ballaststoffe bei und helfen, Salz zu sparen. Rohkost-Tage wirken als Frühjahrsputz für den ganzen Körper!

FRÜHSTÜCK:

MÖHREN-APFEL-MÜSLI, VITAMINDRINK

150 g Möhren
1 kleiner Apfel (100 g)
10 g geschälte Sonnenblumenkerne
1 EL Weizensprossen
1 EL Zitronensaft
200 g fettarmer Kefir
Süßstoff
100 ml Multivitamindrink

Die Möhren und den Apfel grob raspeln, mit gehackten Sonnenblumenkernen und Sprossen mischen und mit Zitronensaft, der Hälfte des Kefir und Süßstoff anmachen. Den restlichen Kefir mit Multivitamindrink verquirlen und mit Süßstoff abrunden.

13.3 g Eiweiß, 9.0 g Fett, 46.3 g Kohlenhydrate (3.9 BE), 327 kcal (1368kJ)

ZWISCHENDURCH:

KRÄUTERDRINK MIT ROHKOSTSPIESS

200 g Reine Buttermilch
2-3 EL frische, feingewiegte Kräuter
2 EL grüne Sprossenmischung (z.B. Alfalfa, Kresse, Senf)
Pfeffer, Salz
einige Gurken-, Paprika-und Möhrenstückchen

Buttermilch mit den Kräutern, den Sprossen und den Würzzutaten verquirlen. Das Gemüse auf einen Zahnstocher spießen und das Spießchen über das Glas legen.

9.0 g Eiweiß, 1.8 g Fett, 12.0 g Kohlenhydrate (1.0 BE), 110 kcal (460 kJ)

MITTAGESSEN:

ROHKOST-SALATPLATTE

150 g Salatgurke
150 g Chicorée
1 gelbe Paprikaschote (75 g)
1 Bund Radieschen (80 g)
100 g Maiskölbchen aus der Dose
100 g Reine Buttermilch
1 EL Zitronensaft
3 EL grüne Sprossenmischung
Pfeffer, Salz
1 hartgekochtes Ei (Gew. Kl. 4)

Gurke in Scheiben, Chicorée und Paprika in Streifen schneiden. Radieschen fein hobeln, Maiskölbchen halbieren. Alles auf einer Platte hübsch anordnen. Buttermilch mit Zitronensaft, Sprossen, Pfeffer und Salz verquirlen und die Sauce über der Salatplatte verteilen. Ei hacken und darüber streuen.

16.7 g Eiweiß, 8.0 g Fett, 22.2 g Kohlenhydrate (1.9 BE), 227 kcal (950 kJ)

NACHMITTAGS:

CHICORÉE-COCKTAIL

50 g frische Champignons
1 Orange (100 g geschält)
100 g Chicorée
50 g Weintrauben
1 EL Zitronensaft (10 g)
5 EL (50 g) Kefir
Pfeffer, Ketchup, Sherry, Salz

Pilze waschen, putzen und blättrig schneiden. Orange schälen, Filets halbieren. Chicorée zerpflücken, die Blätter in einer Glasschale anrichten. rauben halbieren, mit den Pilzen und den Orangenfilets mischen und den Salat auf den Chicorée geben. Kefir mit Zitronensaft und den Würzzutaten verrühren und Sauce über den Salat geben.

5.9 g Eiweiß, 1.5 g Fett, 23.2 g Kohlenhydrate (1.9 BE), 129 kcal (540 kJ)

ABENDESSEN:

BUNTER BOHNENSALAT

1 Dose rote Bohnen (150 g)
50 g Champignons
2 EL (50 g) Maiskörner aus der Dose
150 g Salatgurke
150 g Tomaten
1 Becher (175 g Gesamtinhalt) Sahne-Dickmilch,10% Fett
1 EL Zitronensaft
Curry, Pfeffer, Salz

Bohnen abtropfen lassen mit blättrig geschnittenen Pilzen, Maiskörnern und gewürfelter Gurke und gewürfelten Tomaten locker mischen. Sahnedickmilch mit Zitronensaft und den Würzzutaten verrühren und über den Salat geben.

19.9 g Eiweiß, 11.3 g Fett, 51.9 g Kohlenhydrate (4.3 BE), 395 kcal (1653 kJ)

Insgesamt etwa: 64.8 g Eiweiß, 31.6 g Fett, 155.6 g Kohlenhydrate (13.0 BE), 1188 kcal (4971 kJ)

SALAT-TAG

Auf Salat darf man bei keiner Schlankheitskur verzichten. Denn Salate - egal ob aus Früchten, Gemüse oder aus beidem, füllen große Teller, machen satt und sind gesund. Alle Zutaten sollten frisch sein und das Dressing möglichst leicht. Statt Sahne, Öl und Mayo-nnaise sind Milchfrischprodukte angesagt: Buttermilch, fettarmer Kefir, Dickmilch oder Joghurt.

FRÜHSTÜCK:

FRUCHTSALAT, APFELKNÄCKE

1 kleiner Apfel (100 g), gewürfelt
50 g blaue Weintrauben
150 g Honigmelone (in Kugeln oder Würfeln)
$^1/_2$ kleine Banane (50 g), in Scheiben
3 EL Reine Buttermilch (30 g)
evtl. Süßstoff
1 Scheibe Knäckebrot (10 g)
2 EL (50 g) körniger Frischkäse

Knäckebrot mit Frischkäse bestreichen und mit einigen Apfelspalten und Trauben belegen. Restliche Früchte mischen, mit Buttermilch und Süßstoff anmachen.

11.0 g Eiweiß, 3.8 g Fett, 60.1 g Kohlenhydrate, 317 kcal (1326 kJ)

ZWISCHENDURCH:

RADIESCHEN-ZUCCHINI-ROHKOST

1 kleiner Bund Radieschen (80 g geputzt), in Scheiben
100 g Zucchini, gestiftelt
1 Kästchen Kresse (10 g)
1 EL Weizenkeimlinge (aus 1 TL = 7 g Körnern)
2 EL (50 g) Dickmilch, 3.5% Fett
2 EL (20 g) Reine Buttermilch
1 EL (10 g) Zitronensaft
Pfeffer, Salz

Radieschen, Zucchini, Kresse und Keimlinge mischen, mit einem Dressing aus Dickmilch, Buttermilch und den Würzzutaten anmachen.

6.3 g Eiweiß, 2.6 g Fett, 12.1 g Kohlenhydrate, 99 kcal (414 kJ)

MITTAGESSEN:

BUNTE SALATPLATTE MIT SCHINKEN

150 g Karotten, geraspelt
150 g Salatgurke, gestiftelt
150 g Tomaten, in Scheiben
150 g Maiskölbchen (aus der Dose)
50 g Sojasprossen (aus dem Glas)
$^1/_2$ Kästchen Kresse (10 g)

2 Scheiben gekochter Schinken (50 g, ohne Fettrand)
einige Salatblätter
100 g fettarmer Kefir
1 EL Zitronensaft (10 g)
1 TL Meerrettich (5 g) aus dem Glas
Pfeffer, Salz
1 Flasche (0.33 l) Orangen-Milch-Getränk

Einen großen Teller mit Salatblättern auslegen, die vorbereiteten Gemüsesorten kreisförmig darauf anordnen, Sprossen und Kresse in die Mitte geben. Schinkenscheiben vierteln, die Viertel zu Tütchen drehen und auf der Platte verteilen. Aus Kefir und den Würzzutaten ein Dressing bereiten, über den Salat geben. Dazu R'activ servieren.

22.7 g Eiweiß, 9.5 g Fett, 41.3 g Kohlenhydrate, 359 kcal (1502 kJ)

ZWISCHENDURCH:
KRÄUTERKEFIR

3 EL feingewiegte frische Kräuter (z.B. Kresse, Dill, Schnittlauch, Kerbel)
200 g fettarmer Kefir
1 TL Meerrettich (5 g) aus dem Glas
1 EL Zitronensaft (10 g)
Pfeffer, Salz

Alle Zutaten gut verquirlen, Drink abschmecken.

7.8 g Eiweiß, 3.4 g Fett, 10.1 g Kohlenhydrate, 109 kcal (456 kJ)

ABENDESSEN:
BUNTER KARTOFFELSALAT MIT EI

200 g Salatkartoffeln
200 g Mixed Pickles
einige Blätter Endiviensalat in Streifen
1 hartgekochtes Ei (Gew.Kl. 4)
5 EL (50 g) fettarmer Kefir
1 EL (25 g) Dickmilch, 3.5% Fett

1 EL (10 g) Zitronensaft
1 TL (5 g) Senf
Pfeffer, Salz, Kirschtomaten zur Garnitur

Kartoffeln garen, pellen und abkühlen lassen. Abgetropfte Mixed Pickles kleinschneiden, Ei vierteln. Die Kartoffeln in Scheibchen schneiden, mit Gemüse und Endivienstreifen mischen. Kefir, Dickmilch und die Würzzutaten verrühren, unter den Salat heben. Salat kurz durchziehen lassen, mit Eivierteln und Tomaten garniert servieren.

16.1 g Eiweiß, 8.2 g Fett, 43.4 g Kohlenhydrate, 312 kcal (1305 kJ)

Insgesamt: 66.2 g Eiweiß, 36.4 g Fett, 156.4 Kohlenhydrate (13.0 BE), 1227 kcal (5134 kJ)

EXTRA:
1 KIWI (70 g)

0.6 g Eiweiß, 0.4 g Fett, 7.2 g Kohlenhydrate (0.6 BE), 35 kcal (146 kJ)

TOMATEN-TAG

Können Sie sich vorstellen, an einem Tag nichts anderes als 6 Kilo Tomaten zu essen? Rund 1000 kcal würden Sie damit verputzen, ohne zermürbende Hungergefühle zu verspüren! Tomaten sind ideale Schlankmacher, vorausgesetzt man kombiniert sie mit diätgerechten Zutaten und verbannt den Salzstreuer vom Tisch. 100 g haben nur 17 kcal, liefern aber viel Folsäure und verschiedene Mineralstoffe. Die Tomate ist ein sehr beliebtes Salatgemüse, sie läßt sich aber auch prima kombinieren, z.B. mit anderem Gemüse, mit Kräutern und Sprossen, aber auch mit Ei und Käse.

FRÜHSTÜCK:
HERZHAFTES TOMATENBROT, KRÄUTERDRINK

1 Scheibe (45 g) Roggenvollkornbrot
1 TL (5 g) Halbfettmargarine
3 Scheiben (20 g) roher Schinken ohne Fettrand
2 kleine Tomaten (100 g)
Pfeffer, Schnittlauchröllchen
200 g Reine Buttermilch
1 EL (10 g) Zitronensaft
je 1 EL (5 g) gewiegte Kresse und Schnittlauch, Pfeffer, Salz

Brot mit Halbfett bestreichen, den Schinken und die in Scheiben geschnittenen Tomaten darauflegen. Mit Pfeffer und Schnittlauchröllchen bestreuen. Die Buttermilch mit Zitronensaft und feingewiegten Kräutern gut durchmixen, den Drink abschmecken.

15.5 g Eiweiß, 11.3 g Fett, 30.7 g Kohlenhydrate (2.6 BE), 298 kcal (1247 kJ)

ZWISCHENDURCH:
TOMATENSALAT MIT FRISCHKÄSE

150 g Tomaten
½ Kästchen Kresse (10 g)
Pfeffer, Salz
2 EL (50 g) körniger Frischkäse
1 Scheibe (10 g) Knäckebrot

Tomaten waschen, in Scheiben schneiden und kreisförmig auf einem Teller anordnen. Mit grobgehackter Kresse und den Gewürzen bestreuen. Den Frischkäse in die Mitte geben. Dazu Knäckebrot.

9.1 g Eiweiß, 2.7 g Fett, 13.0 g Kohlenhydrate (1.1 BE), 113 kcal (473 kJ)

MITTAGESSEN:
SCHINKENREIS MIT TOMATEN

50 g Wildreismischung mit Kräutern (Rohgewicht)
1 dickere Scheibe (35 g) gekochter Schinken ohne Fettrand
Pfeffer, Salz
1 TL (5 g) Butter
½ kleine Zwiebel (10 g)
350 g Tomaten
1 Msp. Kräuter der Provence
1 Msp. (2 g) Instant-Fleischbrühe
1 TL (10 g) Tomatenmark

Wildreismischung nach Vorschrift garen. Schinken in Streifen schneiden, unter den fertigen Reis mischen und mit Pfeffer und Salz würzen. Butter erhitzen und die feingehackte Zwiebel darin glasig dünsten. Tomaten waschen, würfeln und dazugeben, etwa 3 Minuten dünsten. Kräuter, Tomatenmark und 1-2 EL Wasser einrühren, Tomaten mit Instantbrühe, Pfeffer und Salz abschmecken. Den Schinkenreis untermengen.

15.1 g Eiweiß, 9.8 g Fett, 48.9 g Kohlenhydrate (4.1 BE), 345 kcal (1443 kJ)

ZWISCHENDURCH:

TOMATEN-KEFIR-DRINK

150 g Tomaten
1 TL (5 g) Zitronensaft
1 Msp. (2 g) geriebener Meerrettich
Pfeffer, Knoblauchpulver, Salz, Süßstoff
175 g fettarmer Kefir
Kresse zum Garnieren

Alle Zutaten gut durchmixen, Drink abschmecken und garnieren.

8.2 g Eiweiß, 3.1 g Fett, 15.8 g Kohlenhydrate (1.3 BE), 118 kcal (494 kJ)

ABENDESSEN:

TOMATENSALAT MIT SCHAFKÄSE-KRÄUTERSAUCE UND WEISSBROT

300 g Tomaten
1 kleine Zwiebel (20 g)
50 g Schafkäse (Feta), 40% F.i.Tr.
5 EL (50 g fettarmer Kefir
3 EL (15 g) feingehackte Kresse
etwas frisches Basilikum
Pfeffer, Salz, Knoblauchpulver
1 Stück (50 g) Baguette oder Fladenbrot

Tomaten waschen und würfeln. Zwiebel fein hacken und untermischen. Schafskäse fein würfeln, mit Kefir und gewiegten Kräutern verrühren und Sauce mit Pfeffer, Salz und Knoblauchpulver abschmekken, dann unter die Tomaten mischen. Dazu Baguette oder Fladenbrot.

18.9 g Eiweiß, 10.4 g Fett, 39.0 g Kohlenhydrate (3.3 BE), 330 kcal (1381 kJ)

Insgesamt: 66.8 g Eiweiß, 37.3 g Fett, 147.4 g Kohlenhydrate (12.3 BE), 1204 kcal (5038 kJ)

TRAUBEN-TAG

Die diätetische Bedeutung der Weintraube ist schon lange bekannt. Weintrauben sind vitamin- und mineralstoffreich. Außerdem enthalten sie die Spurenelemente Zink, Kupfer und Mangan. Trauben wirken entwässernd und regen die Verdauung an.

FRÜHSTÜCK:

TRAUBEN-BIRNEN-MÜSLI

100 g Weintrauben
1 Birne (125 g)
1 EL (10 g) Vollkornhaferflocken
1 EL (10 g) Weizenkeime
1 EL (10 g) Zitronensaft
100 g Dickmilch, 3.5% Fett
Süßstoff
3 EL (10 g) Cornflakes

Trauben waschen, halbieren, dabei evtl. die Kerne entfernen. Birne waschen und würfeln. Früchte mit den Haferflocken und Weizenkeimen mischen. Zitronensaft unter die Dickmilch mischen, mit Süßstoff abschmecken und unter das Müsli mischen. Mit Cornflakes bestreuen.

10.3 g Eiweiß, 6.1 g Fett, 51.9 g Kohlenhydrate (4.3 BE), 298 kcal (1247 kJ)

ZWISCHENDURCH:

TRAUBEN-BUTTERMILCH

100 g blaue Weintrauben oder
100 ml roter Traubensaft
1 TL (5 ml) Zitronensaft
100 g Reine Buttermilch, Süßstoff

Weintrauben waschen, halbieren, dabei die Kerne entfernen. Früchte oder fertigen Traubensaft mit Zitronensaft und Buttermilch durchmixen, Drink abschmecken.

4.4 g Eiweiß, 1.0 g Fett, 21.5 g Kohlenhydrate (1.8 BE), 118 kcal (494 kJ)

MITTAGESSEN:

SALATCOCKTAIL MIT WEINTRAUBEN

2 Stangen (120 g) Staudensellerie
1 kleine Birne (100 g)
100 g Weintrauben
1 Scheibe (30 g) Edamer, 30% Fett i.Tr.
1 EL (10 g) Zitronensaft
Pfeffer, Salz, Süßstoff, evtl.
etwas trockener Sherry
100 g Dickmilch, 3.5% Fett
1 Scheibe (30 g) Toastbrot

Staudensellerie waschen, putzen und in schmale Scheibchen schneiden, die Blätter in Streifen schneiden. Birne waschen, das Kernhaus entfernen und Fruchtfleisch würfeln. Trauben waschen, halbieren und dabei die Kerne entfernen. Käsescheibe in Stifte schneiden. Diese Zutaten locker mischen und in eine Schüssel geben. Zitronensaft und Würzzutaten mit Dickmilch verrühren, die Sauce evtl. mit etwas Sherry abschmecken und dann über den Salat geben. Dazu geröstetes Toastbrot reichen.

17.1 g Eiweiß, 10.6 g Fett, 48.0 g Kohlenhydrate (4.0 BE), 363 kcal (1519 kJ)

ZWISCHENDURCH:

175 g WEINTRAUBEN

1.2 g Eiweiß, 0.4 g Fett, 29.6 g Kohlenhydrate (2.5 BE), 128 kcal (536 kJ)

ABENDESSEN:

HERZHAFTER FRISCHKÄSE MIT WEINTRAUBEN

½ Becher (=100 g) körniger Frischkäse
Pfeffer aus der Mühle
125 g Weintrauben
1 Scheibe (50 g) Pumpernickel

Frischkäse mit Pfeffer aus der Mühle würzen. Trauben waschen, von den Stielen zupfen, halbieren und evtl. entkernen, dann locker mit dem Frischkäse mischen und mit Pumpernickel servieren.

15.7 g Eiweiß, 5.2 g Fett, 46.2 g Kohlenhydrate (3.9 BE), 294 kcal (1230 kJ)

Insgesamt: 66.2 g Eiweiß, 36.4 g Fett, 156.4 Kohlenhydrate (13.0 BE), 1227 kcal (5134 kJ)

ZITRUS-TAG

Orangen, Mandarinen und Grapefruits ergänzen das bescheidene heimische Obstangebot in der kalten Jahreszeit. Sie sind wertvolle Vitamin C-Lieferanten, enthalten wenig Kalorien und lassen sich mit vielem kombinieren. Zitrusdrinks sind besonders erfrischend und figurfreundlich.

FRÜHSTÜCK:

ORANGEN-VOLLKORN-MÜSLI

1 Orange (100 g geschält)
2 EL eingeweichte Weizenkörner (= 15 g trockene Körner)
3 EL (30 g) Vollkornhaferflocken
3 EL (10 g) Cornflakes
100 g Dickmilch, 3.5% Fett
1 EL (10 g) Zitronensaft
Süßstoff

Orange in Filets teilen und diese halbieren. Mit Körnern, Haferflocken und Cornflakes mischen. Dickmilch mit Zitronensaft und Süßstoff verrühren und darüber geben.

11.6 g Eiweiß, 6.2 g Fett, 50.1 g Kohlenhydrate (4.2 BE), 305 kcal (1276 kJ)

ZWISCHENDURCH:

MANDARINEN-SHAKE

3 Mandarinen (120 g geschält)
150 g reine Buttermilch, Süßstoff

Mandarinen in Spalten teilen. Mit Buttermilch durchmixen und Drink mit Süßstoff abschmecken.

6.3 g Eiweiß, 1.3 g Fett, 18.5 g Kohlenhydrate (1.5 BE), 119 kcal (498 kJ)

MITTAGESSEN:

KALBGESCHNETZELTES MIT ORANGEN-CURRY-SAUCE

30 g Langkornreis (Naturreis, roh)
75 g Kalbschnitzel
1 TL (5 g) Öl
½ kleine Zwiebel (10 g)
Pfeffer, Salz, Curry
1 Orange (100 g geschält)
6 EL (60 ml) Wasser
1 TL (5 g) Bratensauce (Päckchen)
1 EL (25 g) Sahne-Dickmilch
50 g Feldsalat
5 EL (50 g) Reine Buttermilch

Reis nach Vorschrift körnig kochen. Kalbschnitzel in feine Streifen schneiden. Eine beschichtete Pfanne mit dem Öl erhitzen und das Fleisch darin anbraten. Die gehackte Zwiebel, Pfeffer und Salz dazugeben und alles 5 Minuten leise dünsten. Orange schälen, in Filets teilen und diese halbieren. Etwa die Hälfte der Fruchtstücke zum Fleisch geben, kurz mitdünsten, dann das Ganze mit Curry würzen und mit dem Wasser aufgießen. Die Sauce unterrühren, aufkochen lassen, mit Sahnedickmilch abrunden. Feldsalat waschen, putzen und mit den übrigen Orangenstücken mischen. Buttermilch mit Pfeffer und Salz verrühren und darübergeben.

22.6 g Eiweiß, 10.3 g Fett, 40.5 g Kohlenhydrate (3.4 BE), 347 kcal (1452 kJ)

ZWISCHENDURCH:
BLUTORANGEN-BANANEN-DRINK

1/2 kleine Banane (50 g geschält)
100 ml Blutorangen-Drink
50 g Reine Buttermilch, Süßstoff

Alle Zutaten im Mixer verquirlen.

2.4 g Eiweiß, 0.5 g Fett, 23.9 g Kohlenhydrate (2.0 BE), 119 kcal (498 kJ)

ABENDESSEN:
GROßER FRÜCHTETELLER

1 rosa Grapefruit (125 g Fruchtfleisch)
1/2 kleine Banane (50 g geschält)
2 Mandarinen (80 g geschält)
1 Kiwi (70 g)
2 EL eingeweichte Weizenkörner (=15 g trocken)
100 g Dickmilch, 3.5% Fett
1 EL (25 g) Sahne-Dickmilch
Süßstoff, abgeriebene Orangenschale

Grapefruit halbieren, die Filets herauslösen. Bananenhälfte schälen und in Scheiben schneiden. Mandarinen schälen, in Spalten teilen, Kiwi schälen, in Scheiben schneiden. Früchte mit den eingeweichten Körner mischen. Dickmilch und Sahne-Dickmilch verrühren, mit Süßstoff und Orangenschale abschmecken und darübergeben.

8.9 g Eiweiß, 7.2 g Fett, 51.8 g Kohlenhydrate (4.3 BE), 311 kcal (1301 kJ)

Insgesamt: 51.8 g Eiweiß, 25.5 g Fett, 184.8 g Kohlenhydrate (15.4 BE), 1201 kcal (5025 kJ)

DIE BUTTERMILCH-BLITZ-DIÄT

Dauer: 3 Tage
Energie: 1000 kcal pro Tag
Mahlzeiten: 5 pro Tag
alle Rezepte für 1 Person

Ein paar Feiertage, Einladungen oder Bewirtung von Gästen hinterlassen nicht selten unangenehme Spuren: ein paar Pfunde zuviel! Und das, obwohl das Gewicht bislang stets stabil war. Zunehmen geht schneller als man denkt! Gutes Essen, hier und da ein Gläschen, ein wenig Knabberzeug und das gemütliche Beisammensitzen sorgen dafür, daß die Figur recht schnell aus den Fugen gerät.

Wer damit hin und wieder Probleme hat, sollte unsere Buttermilch-Blitzkur griffbereit haben. Denn nur, wenn man die „schnellen" Pfunde sofort bekämpft, pendelt sich das „Wohlfühlgewicht" wieder ein. Nach dem Motto „Schnell drauf, schnell runter" können Sie kleine und große Eßsünden gut wieder wettmachen. Doch Vorsicht: das Phänomen läßt sich auch umdrehen und wird in diesem Fall als „Jojo- Effekt" bezeichnet!

Achten Sie deshalb auch nach der Kur darauf, was Sie essen und trinken. Es gibt viele Produkte, die Kalorien sparen helfen, ohne daß man ständig rechnen und abwiegen muß. Einige stellen wir Ihnen in unserer Diät vor. Die Kur enthält pro Tag nur ca. 1000 kcal - und das ist nur möglich, wenn Fett stark reduziert wird. Buttermilch ist in einer sehr fettarmen Kur ideal, denn sie eignet sich für die Zubereitung vieler schmackhaften Gerichte und bringt selbst nicht einmal 1 Prozent Fett mit!

1. Tag

FRÜHSTÜCK:

BUTTERMILCH-BEEREN-MÜSLI

200 g Beeren (z.B. 100 g Erdbeeren, 50 g Himbeeren, 50 g rote Johannisbeeren)
1 TL (3 g) Kleie
3 EL (30 g) Vollkornhaferflocken
1 TL (5 g) Zitronensaft
125 g Reine Buttermilch, Süßstoff

Beeren waschen, putzen und mischen. Die übrigen Zutaten miteinander verrühren und untermischen.

11.3 g Eiweiß, 3.9 g Fett, 38.5 g Kohlenhydrate (3.2 BE), 241 kcal (1008 kJ)

ZWISCHENDURCH:

ERDBEERDRINK „BARCELONA"

100 g Erdbeeren
1 TL (5 g) Zitronensaft
1 TL (3 g) Kleie
125 Reine Buttermilch, Süßstoff

Erdbeeren waschen, putzen und fein zerkleinern. Die anderen Zutaten miteinander verrühren und Erdbeerstücke untermischen.

5.9 g Eiweiß, 1.5 g Fett, 13.3 g Kohlenhydrate (1.1 BE), 97 kcal (406 kJ)

MITTAGESSEN:

GEMISCHTER ROHKOSTSALAT MIT MAIS

150 g Tomaten
100 g Zucchini
1 Stück (125 g) Kohlrabi
100 g Möhren
$^1/_2$ kleine Zwiebel (10 g)
2 EL (20 g) Zitronensaft
2 EL (50 g) Dickmilch, 3.5% Fett
2 EL (20 g) Reine Buttermilch
Pfeffer, Meerrettich, Salz, Süßstoff
125 g Maiskörner aus der Dose

Gemüse waschen und putzen. Tomaten und Zucchini in Scheiben schneiden, Kohlrabi stifteln, Möhren raspeln, Zwiebel hacken. Das Gemüse mischen. Zitronensaft, Dickmilch und Buttermilch verrühren, würzen und unter den Rohkostsalat mischen. Den Mais unterheben.

13.6 g Eiweiß, 4.9 g Fett, 48.5 g Kohlenhydrate (4.0 BE), 294 kcal (1230 kJ)

ZWISCHENDURCH:

TOMATEN-MIX

200 g Tomatensaft
1 TL (5 g) Zitronensaft
100 g Reine Buttermilch
$^1/_2$ kleine Zwiebel (10 g)
1 TL (3 g) Kleie
Pfeffer, Knoblauch, Salz, Süßstoff
1 EL (5 g) Schnittlauchröllchen

Alle Zutaten im Mixer durchmixen und Drink abschmecken.

6.1 g Eiweiß, 1.1 g Fett, 11.9 g Kohlenhydrate (1.0 BE), 89 kcal (372 kJ)

ABENDESSEN:

TARATOR MIT PAPRIKA

1 Stück Salatgurke (200 g)
1 Paprikaschote (150 g, rot oder grün oder gemischt)
½ kleine Zwiebel (10 g)
Paprikapulver edelsüß, Pfeffer, Salz
2 EL (50 g) Sahne-Dickmilch
175 g Reine Buttermilch
100 ml kalte Fleischbrühe (Instant)
2 EL (10 g) frische Kräuter (Dill, Schnittlauch, Petersilie)
2 Scheiben (à 10 g) Knäckebrot

Gurke waschen und hobeln. Paprika putzen und kleinschneiden, Zwiebel hacken. Gemüse mischen und würzen. Dickmilch, Buttermilch und Brühe verquirlen und Gemüse und gehackte Kräuter untermischen. Dazu Knäcke.

14.3 g Eiweiß, 7.8 g Fett, 33.7 g Kohlenhydrate (2.8 BE), 273 kcal (1142 kJ)

Insgesamt: 51.8 g Eiweiß, 25.5 g Fett, 184.8 g Kohlenhydrate (15.4 BE), 1201 kcal (5025 kJ)

2. Tag

FRÜHSTÜCK:

BANANENBROT, BUTTERMILCH-DRINK

1 Scheibe (45 g) Roggenvollkornbrot
1 TL (5 g) Halbfettmargarine
1 Banane (125 g geschält)
100 g Reine Buttermilch, Süßstoff

Brot mit Halbfett bestreichen. Banane halbieren, eine Hälfte in Scheiben schneiden und auf das Brot legen. Die andere mit Buttermilch pürieren und Drink abschmecken.

8.5 g Eiweiß, 3.6 g Fett, 46.2 g Kohlenhydrate (3.8 BE), 256 kcal (1071 kJ)

ZWISCHENDURCH:

GRÜNER PAPRIKADRINK

1/2 grüne Paprikaschote (75 g geputzt)
1/2 kleine Zwiebel (10 g)
2 EL (10 g) Kresse
Pfeffer, Salz
175 g Reine Buttermilch

Paprika kleinschneiden und mit den anderen Zutaten in den Mixer geben. Durchmixen und Drink abschmecken.

7.9 g Eiweiß. 1.6 g Fett, 10.5 g Kohlenhydrate (0.9 BE), 97 kcal (406 kJ)

MITTAGESSEN:

SALATSCHÜSSEL „CHICORITA"

2 Stauden Chicorée (150 g)
½ Bund Radieschen (50 g)
100 g Weintrauben
150 g Erbsen (TK)
½ Kästchen (10 g) Kresse
2 EL (50 g) Dickmilch, 3.5% Fett
5 EL (50 g) Reine Buttermilch
2 EL (20 g) Zitronensaft
Pfeffer, Salz, Süßstoff
1 Glas (0.2 l) Tomatensaft

Chicoréestauden längs halbieren, den bitteren Strunk herausschneiden und die Stauden in Streifen schneiden. Radieschen hobeln, Trauben halbieren, Erbsen in wenig Salzwasser garen, Kresse feinwiegen, dann alles unter den Chicorée mischen. Dickmilch mit Buttermilch, Zitronensaft und den Würzzutaten verrühren und unterheben. Mit Tomatensaft servieren.

17.8 g Eiweiß, 3.7 g Fett, 47.9 g Kohlenhydrate (4.0 BE), 303 kcal (1268 kJ)

ZWISCHENDURCH:

KAROTTENMIX

100 g Karotten
1 EL (10 g) Zitronensaft
125 g Reine Buttermilch
2 EL (20 g) Apfelsaft
1 EL (5 g) Petersilie
1 TL (3 g) Kleie
Pfeffer, Salz

Karotten abbürsten und raspeln, alle Zutaten mixen und Drink abschmecken.

6.5 g Eiweiß, 1.3 g Fett, 14.4 g Kohlenhydrate (1.2 BE), 102 kcal (427 kJ)

ABENDESSEN:

FRÜHLINGSSUPPE, BUTTERMILCH-MÜSLI

1 Päckchen Frühlingssuppe (für ½ Liter bzw. 2 Teller Suppe)
1 EL (5 g) Petersilie
100 g Reine Buttermilch
1 TL (5 g) Zitronensaft
1 TL (3 g) Weizenkleie
1 EL eingeweichte Weizenkörner (= 7 g trockene Körner)
100 g Erd- oder Himbeeren, Süßstoff
3 EL (10 g) Cornflakes

Suppe nach Vorschrift zubereiten und mit Petersilie bestreuen. Buttermilch mit Zitronensaft, Kleie und Körnern verrühren, die Beeren untermischen und das Müsli süßen. Mit Cornflakes bestreuen.

13.3 g Eiweiß, 3.5 g Fett, 43.2 g Kohlenhydrate (3.6 BE), 250 kcal (1046 kJ)

Insgesamt: 54.0 g Eiweiß, 13.7 g Fett, 162.2 g Kohlenhydrate (13.5 BE), 1008 kcal (4217 kJ)

3. Tag

FRÜHSTÜCK:

FARMER-MÜSLI

3 EL Weizenkörner (über Nacht eingeweicht, bzw. 15 g trockene Körner)
1 kleiner Apfel (100 g)
1 kleine Birne (100 g)
1 TL (5 g) Rosinen
1 TL (5 g) gehackte Walnußhälften
1 TL (3 g) Kleie
100 g Reine Buttermilch

Apfel und Birne kleinschneiden, mit den eingeweichten Körnern, Rosinen und Nussen mischen und die Buttermilch darübergeben.

7.7 g Eiweiß, 5.3 g Fett, 41.7 g Kohlenhydrate (3.5 BE), 251 kcal (1050 kJ)

ZWISCHENDURCH:

APFEL-TRAUBEN-SHAKE

50 g Weintrauben
50 ml Apfelsaft
100 g Reine Buttermilch, Süßstoff

Trauben halbieren und entkernen, mit den übrigen Zutaten durchmixen und Drink abschmecken.

4.1 g Eiweiß, 0.8 g Fett, 18.5 g Kohlenhydrate (1.5 BE), 104 kcal (435 kJ)

MITTAGESSEN:

KARTOFFEL-PAPRIKA-SALAT

250 g Kartoffeln
100 ml heiße Brühe (Instant)
150 g Paprikaschoten (rot oder grün oder gemischt)
1 kleine Zwiebel (20 g)
1 Stück Gurke (150 g)
2 EL (20 g) Zitronensaft
2 EL (10 g) Schnittlauchröllchen
EL (50 g) Dickmilch, 3.5% Fett
3 EL (30 g) Reine Buttermilch
Pfeffer, Salz, Knoblauchpulver

Kartoffeln abbürsten und garen, abschrecken, pellen, dann etwas abgekühlt in Scheiben schneiden. Brühe zubereiten, über die Kartoffeln gießen und das Ganze erkalten lassen. Paprika und Gurke würfeln, Zwiebel hacken und das Gemüse unter die Kartoffeln mischen. Die übrigen Zutaten verrühren, Sauce abschmecken, unter den Salat ziehen. 10 Minuten durchziehen lassen.

11.9 g Eiweiß, 3.5 g Fett, 53.6 g Kohlenhydrate (4.5 BE), 300 kcal (1255 kJ)

ZWISCHENDURCH:

BUTTERMILCHDRINK „ROTES RÜBCHEN"

100 g Rote Beete aus dem Glas
1/2 TL (3 g) Meerrettich aus dem Glas
1 EL (5 g) gewiegte Petersilie
1 TL (3 g) Kleie
125 g Reine Buttermilch
Pfeffer, Muskat, Salz

Alle Zutaten in den Mixer geben und durchmixen. Drink abschmecken.

6.4 g Eiweiß, 1.2 g Fett, 14.3 g Kohlenhydrate (1.2 BE), 101 kcal (423 kJ)

ABENDESSEN:

ROTE BEETE-SALAT MIT MAIS UND LINSEN

25 g Linsen (gut 2 EL trocken)
200 g Rote Beete aus dem Glas
1/2 kleine Zwiebel (10 g)
50 g Maiskörner aus der Dose
2 EL (10 g) gewiegte Petersilie
2 EL (20 g) Zitronensaft
2 EL (50 g) Dickmilch, 3.5% Fett
Pfeffer, Majoran, Salz

Linsen in wenig Salzwaser 30 Minuten garen, abgießen und warm unter die Roten Beete mischen. Ge-hackte Zwiebel, Mais und Petersilie unterheben. Die übrigen Zutaten verrühren und Salat mit der Sauce mischen.

12.1 g Eiweiß, 3.0 g Fett, 44.7 g Kohlenhydrate (3.7 BE), 256 kcal (1071 kJ)

Insgesamt: 42.2 g Eiweiß, 13.8 g Fett, 172.8 g Kohlenhydrate (14.4 BE), 1012 kcal (4234 kJ)

DIE BROT-DIÄT

Dauer: 3 Tage
Energie: ca. 1200 kcal pro Tag
Mahlzeiten: 5 pro Tag
alle Rezepte für 1 Person

Unser täglich Brot ist in der gesunden Ernährung unverzichtbar. Das gilt natürlich auch für die Diät. Brot schmeckt immer, vom Frühstück bis zum Abendessen. Und Brot läßt sich prima mitnehmen - das kommt Berufstätigen sehr entgegen. Wer ein paar Pfunde verlieren möchte und dies auf möglichst unkomplizierte Art, sollte es einmal mit unserer Brot-Diät versuchen. Denn die Zubereitung der einzelnen Mahlzeiten ist ganz einfach, geht schnell und erfordert keinerlei ausgefallene Zutaten. Eine Superkur besonders für Singles! Wir verwenden vorwiegend Roggenvollkornbrot und Knäckebrot. Es darf aber auch mal ein frisches Vollkornbrötchen, Toast oder knuspriges Baguette sein.

1. Tag

FRÜHSTÜCK:
RÜHREISCHNITTE, ERDBEERJOGHURT

1 TL (5 g) Butter
1 Ei (gew. Kl. 4)
1 Scheibe (45 g) Roggenvollkornbrot
2 EL (10 g) Schnittlauchröllchen
wenig Salz
1 Becher (200 g) extraleichter Erdbeerjoghurt

Butter in einer beschichteten Pfanne erhitzen. Das Ei mit Schnittlauch und Salz verquirlen und in die Pfanne geben. Ein Rührei zubereiten und auf das Brot legen. Mit Joghurt servieren.

18.5 g Eiweiß, 11.3 g Fett, 35.4 g Kohlenhydrate (3.0 BE), 317 kcal (1326 kJ)

ZWISCHENDURCH:
150 G MULTIVITAMIN-BUTTERMILCH

4.1 g Eiweiß, 1.1 g Fett, 18.8 g Kohlenhydrate (1.6 BE), 107 kcal (448 kJ)

MITTAGESSEN:
KÄSE-SANDWICH, TOMATENSALAT

2 Scheiben (à 45 g) Roggenvollkornbrot
1 TL (5 g) Halbfettmargarine
2 Salatblätter
2 dünne Scheiben (30 g) Tilsiter, 45% F.i.Tr.
200 g Tomaten
½ Kästchen (= 10 g) Kresse
½ kleine Zwiebel (10 g)
1 EL (10 g) Zitronensaft

Eine Scheibe Brot mit Halbfett bestreichen, die andere mit Salatblättern belegen. Den Käse auf die Salatblätter legen. Tomaten in Scheiben schneiden, zwei Scheiben auf den Käse legen und die Kresse dazwischen verteilen. Die zweite Brotscheiben darauflegen. Restliche Tomatenscheiben mit gehackter Zwiebel und den Würzzutaten mischen.

16.9 g Eiweiß, 10.5 g Fett, 44.4 g Kohlenhydrate (3.7 BE), 344 kcal (1439 kJ)

ZWISCHENDURCH:
HONIGKNÄCKE

1 Scheibe (10 g) Knäckebrot
1 geh. EL (30 g) Magerquark
1 TL (10 g) Honig
100 ml Blutorangen-Drink

Knäckebrot mit Quark bestreichen und den Honig darauf verteilen. Dazu 1 Glas Blutorangen-Drink

5.6 g Eiweiß, 0.2 g Fett, 28.3 g Kohlenhydrate (2.4 BE), 143 kcal (598 kJ)

ABENDESSEN:
BLUMENKOHLSUPPE MIT CROÛTONS

1 Päckchen Blumenkohlsuppe (für 2 Teller bzw. 500 ml Suppe)
2 Scheiben (60 g) Toastbrot oder 60 g Fladenbrot oder Baguette
3 EL (15 g) gewiegte Petersilie

Die Blumenkohlsuppe nach Vorschrift zubereiten. Das Brot rösten bzw. aufbacken, würfeln und zusammen mit der Petersilie über die Suppe geben.

9.2 g Eiweiß, 6.7 g Fett, 50.3 g Kohlenhydrate (4.2 BE), 299 kcal (1251 kJ)

Insgesamt: 54.3 g Eiweiß, 29.8 g Fett, 177.2 g Kohlenhydrate (14.8 BE), 1210 kcal (5063 kJ)

2. Tag

FRÜHSTÜCK:
SCHINKENBROT UND MÜSLIJOGHURT

1 Scheibe Knäckebrot (10 g)
1 TL (5 g) Halbfettmargarine
1 Scheibe (25 g) gekochter Schinken ohne Fettrand
1 Becher (175 g) Knusper-Joghurt „Müsli"

Knäckebrot mit Halbfett bestreichen und den Schinken darauflegen. Mit Müslijoghurt servieren.

14.0 g Eiweiß, 15.9 g Fett, 29.0 g Kohlenhydrate (2.4 BE), 323 kcal (1351 kJ)

ZWISCHENDURCH:
HONIGMELONE UND BLUTORANGEN-DRINK

2 Spalten Honigmelone (150 g Fruchtfleisch)
100 ml Blutorangen-Drink

Honigmelone mit Blutorangen-Drink servieren.

1.4 g Eiweiß, 0.2 g Fett, 31.0 g Kohlenhydrate (2.6 BE), 136 kcal (569 kJ)

MITTAGESSEN:
PIKANTER QUARK MIT BROT

200 g Magerquark
2 EL (20 g) Reine Buttermilch
Pfeffer, Salz
100 g Salatgurke
2 EL (10 g) Schnittlauchröllchen
½ kleine Zwiebel (10 g), Kümmel
2 Scheiben (à 45 g) Roggenvollkornbrot

Quark mit Buttermilch glattrühren und würzen, die Menge teilen. Gurke schälen und raspeln, zusammen mit dem Schnittlauch unter eine Quarkhälfte mischen. Gehackte Zwiebel und Kümmel unter die zweite Hälfte rühren. Mit Brot servieren.

35.6 g Eiweiß, 2.3 g Fett, 49.0 g Kohlenhydrate (4.1 BE), 361 kcal (1510 kJ)

ZWISCHENDURCH:
BANANENKNÄCKE

1 Scheibe (10 g) Knäckebrot
1 TL (5 g) Halbfettmargarine
½ kleine Banane (50 g)

Knäckebrot mit Halbfett bestreichen und die in Scheiben geschnittene Bananenhälfte darauf verteilen.

1.6 g Eiweiß, 2.3 g Fett, 16.0 g Kohlenhydrate (1.3 BE), 92 kcal (385 kJ)

ABENDESSEN:
FRANZÖSISCHE ZWIEBELSUPPE, KAROTTENSALAT

¼ Liter Zwiebelsuppe (Fertigprodukt aus dem Beutel, für 1 Teller Suppe)
2 EL (20 ml) trockener Rotwein
1 Scheibe (30 g) Toastbrot
1 geh. EL (15 g) geriebener Emmentaler
200 g Karotten
1 EL (10 g) Zitronensaft
Pfeffer, Salz, Süßstoff
2 EL (20 g) Reine Buttermilch

Suppe nach Packungvorschrift zubereiten, mit Rotwein abrunden und in eine Suppentasse füllen. Toastbrot rösten und darauflegen, den Käse darüberstreuen. Unter dem Grill überbacken. Karotten waschen und abbürsten, dann raspeln und mit den übrigen Zutaten anmachen.

12.6 g Eiweiß, 8.4 g Fett, 36.5 g Kohlenhydrate (3.0 BE), 291 kcal (1218 kJ)

Insgesamt: 65.2 g Eiweiß, 29.1 g Fett, 161.5 g Kohlenhydrate (13.5 BE), 1203 kcal (5033 kJ)

3. Tag

FRÜHSTÜCK:

FITNESS-BRÖTCHEN

1 Roggenvollkornbrötchen (50 g)
1 Scheibe (10 g) Knäckebrot
3 EL (75 g) Magerquark
1 kleine Tomate (50 g)
½ Nektarine oder Pfirsich (50 g) oder 1 Aprikose
evtl. einige Weizen- und Radieschensprossen
2 EL (10 g) Kresse
Pfeffer, Salz
125 g fettarmer Kefir

Brötchen halbieren, Quark auf die Brötchenhälften und das Knäckebrot verteilen. Tomate in Scheiben schneiden, auf eine Brötchenhälfte legen, evtl. Radieschensprossen daraufgeben und würzen. Nektarinen bzw. Pfirsichhälfte kleinschneiden und auf das Knäckebrot legen, evtl. mit Weizensprossen bestreuen. Auf die zweite Brötchenhälfte die Kresse verteilen, würzen. Dazu den Kefir, evtl. pikant gewürzt und mit Sprossen gemixt, servieren.

20.6 g Eiweiß, 3.2 g Fett, 46.0 g Kohlenhydrate (3.8 BE), 301 kcal (1259 kJ)

ZWISCHENDURCH:

150 G MULTIVITAMIN-BUTTERMILCH

4.1 g Eiweiß, 1.1 g Fett, 18.8 g Kohlenhydrate (1.6 BE), 107 kcal (448 kJ)

MITTAGESSEN:

KALTE ZUCCHINISUPPE „MÉDITERRANÉE"

200 g kleine, zarte Zucchini
1 Stück Fenchelknolle (100 g)
½ kleine Zwiebel (10 g)
½ kleine Knoblauchzehe
1 kleiner Zweig Thymian
1 TL (5 g) Olivenöl
etwas frischer Estragon
2 EL (10 g) feingewiegter Dill
175 g fettarmer Kefir
1 TL (5 g) Zitronensaft
Pfeffer, Salz
1 Stück (70 g) Fladenbrot oder 1 Baguettebrötchen

Zucchini und Fenchel würfeln, Zwiebel und Knoblauch hacken, Thymianblättchen abstreifen. Öl in einem Topf erhitzen, Gemüse und Thymian andünsten, vom Herd nehmen. Dill wiegen, mit Zitronensaft unter den Kefir mischen, alles abschmecken. Gemüsemischung unterziehen und Suppe mit Brot servieren.

18.2 g Eiweiß, 10.3 g Fett, 52.6 g Kohlenhydrate (4.4 BE), 381 kcal (1594 kJ)

ZWISCHENDURCH:

PUMPERNICKELMÜSLI

1 Scheibe Pumpernickel (50 g)
½ Nektarine oder Pfirsich (oder 1 Aprikose)
1 TL (5 g) Zitronensaft
2 EL (20 g) Reine Buttermilch
Süßstoff

Pumpernickel zerbröseln, mit der gewürfelten Nektarinen- oder Pfirsichhälfte und den übrigen Zutaten mischen.

3.7 g Eiweiß, 0.7 g Fett, 28.9 g Kohlenhydrate (2.4 BE), 139 kcal (582 kJ)

ABENDESSEN:

TOASTBROT MIT SCHINKEN

1 Scheibe (30 g) Toastbrot
1 TL (5 g) Halbfettmargarine
1 kleine Tomate (50 g)
1 Scheibe gekochter Schinken (25 g) ohne Fettrand
1 kl. Scheibe Ananas (35 g, Dose)
1 geh. EL (15 g) geriebener Emmentaler
100 ml Blutorangen-Drink, Mineralwasser zum Auffüllen

Toastbrot mit Halbfett bestreichen, darauf die in Scheiben geschnittene Tomate, Schinken und Ananas legen. Mit Käse bestreuen und unter dem Grill überbacken. Blutorangen-Drink mit Mineralwasser auffüllen und dazu servieren.

12.7 g Eiweiß, 11.2 g Fett, 36.3 g Kohlenhydrate (3.0 BE), 304 kcal (1272 kJ)

Insgesamt: 59.3 g Eiweiß, 26.5 g Fett, 182.6 g Kohlenhydrate (15.2 BE), 1232 kcal (5155 kJ)

DIE REIS-DIÄT

Dauer: 3 Tage
Energie: ca. 1200 kcal pro Tag
Mahlzeiten: 5 pro Tag
alle Rezepte für 1 Person

Reis ist ein wichtiger Kohlenhydratlieferant in unserer Ernährung. Außerdem ist er - wohlgemerkt als ungeschälter Naturreis - reich an B-Vitaminen, Calcium, Phosphor und Eisen. Diese Substanzen sind vorwiegend im Keim und im Silberhäutchen des Korns lokalisiert. Reis ist natriumarm, eine Reiskur wirkt deshalb entwässernd - vorausgesetzt natürlich, man verzichtet möglichst auf das Kochsalz! In einer Reis-Diät geht das recht gut, denn Reis schmeckt nicht nur pikant zubereitet. Im Gegensatz zu Kartoffeln und Nudeln, die für kohlenhydratreiche Kuren ebenfalls in Frage kommen, eignet sich Reis auch für die „süße" Küche: Kombinieren Sie ihn mit Früchten, Nüssen, Kompott oder Müsli - die Mahlzeiten sättigen gut und haben wenig Kalorien!

Die Reis-Diät ist eine kohlenhydratreiche Diät, die wenig Fett und wenig Eiweiß enthält. Das führt dazu, daß es rasch an die Fettreserven des Körpers geht. Ein angenehmer Nebeneffekt: der Wasserverlust, der sich auch auf der Waage zeigt!

1. Tag

FRÜHSTÜCK:

ORANGEN-REIS, TOMATENBROT

1 Orange (125 g geschält)
1 TL (5 g) gehackte Haselnüsse
1 Becher (200 g) Leichtkost-Milchreis „natur"
1 Scheibe Knäckebrot (10 g)
1 TL (5 g) Halbfettmargarine
100 g Tomaten
Pfeffer
1 EL (5 g) Schnittlauchröllchen

Orange schälen, in Spalten teilen und diese halbieren. Zusammen mit den Nüssen unter den Milchreis mischen. Knäckebrot mit Halbfett bestreichen, die in Scheiben geschnittenen Tomaten darauflegen und mit Pfeffer und Schnittlauch bestreuen.

12.0 g Eiweiß, 7.3 g Fett, 45.3 g Kohlenhydrate, (3,8 BE), 295 kcal (1234 kJ)

ZWISCHENDURCH:

PFLAUMEN-REIS

1 Becher (200 g) Leichtkost-Milchreis „Pflaume"

6.6 g Eiweiß, 1.4 g Fett, 25.6 g Kohlenhydrate, (2,1 BE), 142 kcal (594 kJ)

Hinweis: Für das Mittagessen und die folgenden Mahlzeiten 260 g Naturreis körnig kochen. Abgießen, abschrecken und für das Mittagessen 150 g gekochten Reis abwiegen (= 50 g Rohgewicht). Den Rest zugedeckt im Kühlschrank aufheben!

MITTAGESSEN:

RISI-BISI

150 g gegarter Naturreis (= 50 g Rohgewicht)
200 g Erbsen und Möhren (TK-Ware)
2 EL (50 g) Maiskörner aus der Dose
1 TL (5 g) Zitronensaft
1 TL (5 g) Halbfettmargarine
Pfeffer, evtl. wenig Salz
2 EL (10 g) feingewiegte Petersilie

Erbsen und Möhren nach Packungsvorschrift garen, abgießen und mit dem abgetropften Mais, Zitronensaft sowie dem gegarten Reis mischen. Im Mikrowellenherd heißmachen, Halbfett, Würzzutaten und gewiegte Petersilie untermischen und heiß servieren.

12.7 g Eiweiß, 4.5 g Fett, 65.0 g Kohlenhydrate, (5,4 BE), 352 kcal (1473 kJ)

ZWISCHENDURCH:

REIS-SÜPPCHEN

¼ Liter (250 ml) Hühnerbrühe (Fertigprodukt, Instant, evtl. kochsalzreduziert)
50 g gekochter Reis (= ca. 15 g Rohgewicht)
1 EL (5 g) feingewiegte Petersilie
1 Scheibe (10 g) Knäckebrot

Brühe nach Vorschrift zubereiten, Reis und Petersilie hinzugeben und mit Knäckebrot servieren.

4.2 g Eiweiß, 2.2 g Fett, 21.3 g Kohlenhydrate,(1,8 BE), 118 kcal (494 kJ)

ABENDESSEN:

FRÜCHTEREIS

275 g Fruchtcocktail (aus der Dose, ungezuckert)
1 Becher (200 g) Leichtkost-Milchreis „natur"

Früchte abtropfen lassen und unter den Milchreis heben.

10.0 g Eiweiß, 1.6 g Fett, 65.0 g Kohlenhydrate, (5,4 BE), 303 kcal (1268 kJ)

Insgesamt:
45.5 g Eiweiß, 17.0 g Fett, 222.2 g Kohlenhydrate, (18,5 BE), 1210 kcal (5063 kJ)

2. Tag

FRÜHSTÜCK:

„LEICHTE WELLE"

1 Kiwi (70 g)
1 TL (3 g) Kleie
1 Becher (200 g) Leichtkost-Milchreis „natur"
1 Glas (0.2 l) Blutorangen-Drink

Kiwi schälen, würfeln und zusammen mit der Kleie unter den Milchreis mischen. Dazu Blutorangen-Drink.

8.9 g Eiweiß, 2.2 g Fett, 55.5 g Kohlenhydrate, (4,6 BE), 290 kcal (1213 kJ)

ZWISCHENDURCH:

BUTTERMILCHDRINK „JOHANNI"

125 ml schwarzer Johannisbeersaft
125 g Reine Buttermilch, Süßstoff

Die Zutaten durchmixen, Drink abschmecken.

5.1 g Eiweiß, 0.9 g Fett, 21.5 g Kohlenhydrate, (1,8 BE), 122 kcal (510 kJ)

MITTAGESSEN:

HÄHNCHENBRUST MIT APRIKOSEN-CURRY-SAUCE, REIS UND SALAT

80 g Hähnchenbrust
Pfeffer, wenig Salz, Curry
2 Scheiben unbehandelte Zitrone
1 TL (5 g) Öl
4 Aprikosenhälften aus der Dose (80 g abgetropft)

50 g Frisée- oder Eissalat
50 g frische Champignons
2 EL (20 g) Zitronensaft
1 Msp. (3 g) geriebener Meerrettich
3 EL (30 g) Reine Buttermilch
Süßstoff
100 g gegarter Langkornreis (= 35 g Rohgewicht)

Fleisch würzen. Öl in beschichteter Pfanne erhitzen, Fleisch darin anbraten und die Zitronenscheiben kurz mitdünsten. Fleisch nach 7 Minuten herausnehmen, warmstellen. Aprikosen und 2 EL Wasser zum Bratenfond geben, durchköcheln lassen, dann zermusen und mit Curry und Pfeffer würzen. Fleisch in die Sauce legen. Salat waschen, putzen und zerpflücken, die blättriggeschnittenen Pilze untermengen und das Ganze mit einem Dressing aus Zitronensaft, den Würzzutaten und der Buttermilch anmachen, mit Süßstoff abschmecken. Den Reis im Mikrowellenherd erhitzen und mit Fleisch und Salat servieren.

25.0 g Eiweiß, 7.0 g Fett, 50.7 g Kohlenhydrate, (4,2 BE), 371 kcal (1552 kJ)

ZWISCHENDURCH:
BANANEN-REIS

½ kleine Banane (50 g geschält)
½ Becher (100 g) Leichtkost-Milchreis „natur"

Banane kleinschneiden und unter den Reis mischen.

4.5 g Eiweiß, 0.9 g Fett, 21.0 g Kohlenhydrate, (1,8 BE), 110 kcal (460 kJ)

ABENDESSEN:
SERBISCHE REISPFANNE

1 kleine Paprikaschote (100 g)
100 g Tomaten
100 g Zucchini
1 Zwiebel (50 g)
1 Knoblauchzehe (3 g)
1 Bund Petersilie (20 g)
1 TL (5 g) Öl
Pfeffer, Paprika, wenig Salz
150 g gegarter Langkornreis (= 50 g Rohgewicht)

Das Gemüse waschen, putzen und fein würfeln. Knoblauch abziehen und hacken, Petersilie feinwiegen. Öl in einer beschichteten Pfanne erhitzen und das Ganze darin andünsten. Kräftig würzen, Reis untermischen und miterhitzen.

9.2 g Eiweiß, 7.2 g Fett, 51.4 g Kohlenhydrate, (4,3 BE), 308 kcal (1289 kJ)

Insgesamt:
52.7 g Eiweiß, 18.2 g Fett, 200.1 g Kohlenhydrate, (16,7 BE), 1201 kcal (5025 kJ)

3. Tag

FRÜHSTÜCK:

MÜSLI-MILCHREIS, JOHANNISBEERDRINK

1 TL (5 g) gehackte Haselnüsse
1 TL (3 g) Kleie
1 EL eingeweichte Weizenkörner (= 7 g Trockengewicht)
1 EL (3 g) Cornflakes
1 Becher (200 g) Leichtkost-Milchreis „natur"
100 ml schwarzer Johannisbeersaft
100 g Reine Buttermilch, Süßstoff

Nüsse, Kleie, Weizen und Cornflakes unter den Milchreis mischen. Johannisbeersaft mit Buttermilch verquirlen und mit Süßstoff abschmecken.

14.0 g Eiweiß, 5.7 g Fett, 47.0 g Kohlenhydrate, (3,9 BE), 300 kcal (1255 kJ)

ZWISCHENDURCH:

TOMATEN-KRESSE-BROT

1 Scheibe (45 g) Roggenvollkornbrot
1 TL (5 g) Halbfettmargarine
2 EL (10 g) Kresse
1 kleine Tomate (50 g)

Brot mit Halbfett bestreichen, die Kresse und die in Scheiben geschnittene Tomate darauf verteilen

4.4 g Eiweiß, 2.9 g Fett, 20.2 g Kohlenhydrate, (1,7 BE), 125 kcal (523 kJ)

MITTAGESSEN:

PIKANTER REISSALAT

200 g gegarter Langkornreis (= 65 g Rohgewicht)
100 g grüne Paprikaschote
100 g Tomaten
100 g Zucchini
1 EL (25 g) Maiskörner aus der Dose
2 EL (10 g) feingewiegte Petersilie
2 EL (20 g) Zitronensaft
Pfeffer, Paprika, wenig Salz,
1 Msp. (3 g) geriebener Meerrettich
2 EL (50 g) Dickmilch, 3.5% Fett

Das Gemüse waschen, putzen und fein würfeln. Zusammen mit Mais und Petersilie unter den Reis mischen, dann den Salat würzen.Den Zitronensaft und den Meerrettich mit der Dickmilch verrühren und unterziehen.

12.0 g Eiweiß, 4.5 g Fett, 67.2 g Kohlenhydrate, (5,6 BE), 360 kcal (1506 kJ)

ZWISCHENDURCH:

ANANAS-MILCHREIS

1 kleine Scheibe Ananas (35 g, aus der Dose)
½ Becher (100 g) Leichtkost-Milchreis „natur"

Ananasring kleinschneiden und unter den Milchreis mischen.

4.0 g Eiweiß, 0.9 g Fett, 19.7 g Kohlenhydrate, (1,6 BE), 102 kcal (427 kJ)

ABENDESSEN:

CURRY-REISTOPF MIT FRÜCHTEN

1 TL (5 g) Butter
½ kleine Zwiebel (10 g)
½ kleine Banane (50 g geschält)
1 kleine Scheibe Ananas (35 g, aus der Dose)
Pfeffer, Curry, wenig Salz
120 g gegarter Langkornreis (= 40 g Rohgewicht)
3 EL (30 ml) Orangensaft
1 EL (25 g) Sahnedickmilch

Butter erhitzen und die feingehackte Zwiebel darin glasig dünsten. Obst kleinschneiden, dazugeben und gut würzen. Nun den Reis untermischen, Orangensaft mit Sahnedickmilch verrühren und darübergeben. Heißwerden lassen, abschmecken und servieren.

5.0 g Eiweiß, 7.8 g Fett, 52.3 g Kohlenhydrate, (4,4 BE), 300 kcal (1255 kJ)

Insgesamt: 39.4 g Eiweiß, 21.8 g Fett, 206.4 g Kohlenhydrate (17,2 BE), 1187 kcal (4966 kJ)

DIE FRÜHLINGSFRISCHE SALAT-DIÄT

Im Frühjahr haben Schlankheitskuren Hochsaison. Und nicht ohne Grund ist dies die beste Zeit, um den schlaffen und wärmeverwöhnten Körper schnell wieder auf Trab zu bringen. Denn was wir in den kalten Wintermonaten entbehren mußten, lacht uns jetzt auf den Wochenmärkten wieder verlokkend an und lädt gerade zu ein, mit frischer Frühjahrskost ein paar Pfunde abzuspecken: frühlingsfrische Salate, Kräuter, Radieschen und die ersten Früchte der neuen Saison!

Eine Salatdiät in diesen Wochen ist besonders gut geeignet, um Winterspeck loszuwerden. Denn Salate aus frühlingsfrischem Gemüse und Obst entschlacken den Körper, versorgen ihn nebenbei mit reichlich Vitaminen und sind äußerst kalorienarm. Damit die Kost trotzdem rundherum vollwertig wird, haben wir einen speziellen Ernährungsplan für 3 Tage zusammengestellt. Und dabei fehlt es an nichts - schon gar nicht am Geschmack!

Sehen Sie sich am besten auf dem Wochenmarkt um. Dort bekommen Sie unsere frühlingsfrischen Salate, Kräuter und Früchte mit Sicherheit. Und bereits beim Einkaufen bekommen Sie richtig Appetit auf unsere frühlingsfrische Salatdiät!

Dauer: 3 Tage
Energie: ca. 1200 kcal pro Tag
Mahlzeiten: 5 pro Tag
alle Rezepte für 1 Person

1. Tag

FRÜHSTÜCK:

ERDBEER-KIWI-FRÜHSTÜCK

150 g Erdbeeren
1 Becher (200 g) Leichtkost-Milchreis „natur"
1 Scheibe (10 g) Knäckebrot
2 EL (50 g) körniger Frischkäse
1 Kiwi (70 g)

Erdbeeren kleinschneiden, Kiwi schälen, eine Hälfte würfeln, die andere in Scheiben schneiden. Erdbeeren und Kiwiwürfel unter den Milchreis mischen. Brot mit Frischkäse bestreichen und mit Kiwischeiben belegen.

16.7 g Eiweiß, 5.1 g Fett, 48.3 g Kohlenhydrate (4.0 BE), 306 kcal (1280 kJ)

ZWISCHENDURCH:

ERDBEER-APFEL-SALAT

150 g Erdbeeren
1 kleiner Apfel (100 g)
1 EL (10 g) Zitronensaft
1 EL (25 g) Dickmilch, 3.5% Fett
Süßstoff

Erdbeeren kleinschneiden, Apfel würfeln und mit Erdbeerstücken mischen. Zironensaft und Dickmilch untermischen und Salat süßen.

2.4 g Eiweiß, 2.2 g Fett, 22.3 g Kohlenhydrate (1.9 BE), 121 kcal (506 kJ)

MITTAGESSEN:

RADIESCHENSALAT MIT SPROSSEN UND EI

2 Bund (200 g) Radieschen
2-3 EL Mungbohnenkeimlinge (aus 1 EL bzw. 10 g trockenen Bohnen)
1 Kästchen Kresse (20 g)
1 hartgekochtes Ei (Gew. Kl. 4)
Pfeffer, Salz
2 EL (20 g) Zitronensaft
2 EL (50 g) Dickmilch, 3.5% Fett
3 EL (30 g) fettarmer Kefir
1 Scheibe (45 g) Roggenvollkornbrot
2 TL (10 g) Halbfettmargarine

Radieschen waschen, putzen, hobeln und mit den Keimlingen mischen. Mit Kresse und Eivierteln anrichten. Würzzutaten mit Zitronensaft, Dickmilch und Kefir verrühren und Sauce über den Salat geben. Dazu Brot, mit Halbfett bestrichen.

18.8 g Eiweiß, 13.7 g Fett, 33.1 g Kohlenhydrate (2.8 BE), 335 kcal (1402 kJ)

ZWISCHENDURCH:
BANANENSHAKE

½ kleine Banane (50 g)
150 g Reine Buttermilch
1 EL (25 g) Dickmilch, 3.5% Fett
1 EL (10 g) Zitronensaft, Süßstoff

Die Zutaten gut durchmixen, Drink abschmecken.

7.1 g Eiweiß, 2.0 g Fett, 17.7 g Kohlenhydrate (1.5 BE), 127 kcal (531 kJ)

ABENDESSEN:
FEINER GEFLÜGELSALAT MIT SPARGEL

100 g Hühnerbrust
Pfeffer, Salz
2 EL (20 g) Zitronensaft, Sojasauce
350 g Spargelstücke (Dose)
2 Stangen Staudensellerie (120 g)
2 EL (50 g) Sahnedickmilch
3 EL (30 g) fettarmer Kefir
evtl. einige Salatblätter zum Anrichten
1 Scheibe (30 g) Toastbrot
1 TL (5 g) Halbfettmargarine

Geflügelfleisch würzen und grillen, dann etwas abgekühlt in feine Streifen schneiden, mit Zitronensaft und Sojasauce beträufeln. 30 Minuten durchziehen lassen. Spargel abtropfen lassen, Staudensellerie in Scheibchen schneiden. Fleisch auf einem Sieb abtropfen lassen, Flüssigkeit mit Sahnedickmilch und Kefir verrühren und abschmecken. Fleisch, Spargel und Staudensellerie mischen und auf Salatblättern anrichten. Dressing darübergeben. Dazu das geröstete und mit Halbfett bestrichene Brot essen.

36.3 g Eiweiß, 10.3 g Fett, 25.1 g Kohlenhydrate (2.1 BE), 343 kcal (1435 kJ)

Insgesamt: 81.2 g Eiweiß, 31.3 g Fett, 146.5 g Kohlenhydrate (12.2 BE), 1213 kcal (5075 kJ)

2. Tag

FRÜHSTÜCK:
BUTTERMILCHQUARK MIT FRÜCHTEN

100 g Reine Buttermilch
100 g Magerquark
150 g gemischte Früchte (z.B. Ananas, Erdbeeren, Pfirsich etc.)
3 EL Cornflakes (10 g)
Süßstoff
1 Scheibe (10 g) Knäckebrot
1 TL (5 g) Halbfettmargarine
1 kleine Tomate (50 g)
Pfeffer

Quark mit Buttermilch verrühren und das zerkleinerte Obst untermischen. Mit Süßstoff abschmecken und mit Cornflakes bestreuen. Knäcke mit Halbfett bestreichen und mit der in Scheiben geschnittenen Tomate belegen. Mit Pfeffer würzen.

20.7 g Eiweiß, 3.6 g Fett, 41.5 g Kohlenhydrate (3.5 BE), 288 kcal (1205 kJ)

ZWISCHENDURCH:
TOMATEN-KRESSE-SALAT

150 g Tomaten
1 Kästchen Kresse (20 g)
½ kleine Zwiebel (10 g)
Pfeffer, Salz
1 EL (10 g) Zitronensaft
1 TL (5 g) ÖL
1 Scheibe (10 g) Knäckebrot
1 TL (5 g) Halbfettmargarine

Tomaten in Scheiben schneiden, Kresse und Zwiebelhälfte fein hacken und untermischen. Mit Pfeffer, Salz und Zitrone würzen, Öl untermischen und Salat mit Brot, bestrichen mit Halbfett, servieren.

3.6 g Eiweiß, 7.8 g Fett, 12.3 g Kohlenhydrate (1.0 BE), 137 kcal (573 kJ)

MITTAGESSEN:

BLEICHSELLERIESALAT MIT KEIMLINGEN

3 Stengel (180 g) Bleichsellerie
3 kl. Scheiben Ananas
(à 35 g, Dose)
2 EL Weizensprossen (aus 1 EL bzw. 7 g Körnern)
2 EL (20 g) Zitronensaft
100 g fettarmer Kefir
Pfeffer, Salz, Süßstoff
200 g Reine Buttermilch
150 g Erdbeeren
1 TL (5 g) Zitronensaft
Süßstoff

Bleichsellerie in Scheibchen schneiden, Ananasringe in Stücke teilen und mit den Weizenkeimlingen untermischen. Zitronensaft mit den Würzzutaten unter den Kefir rühren und Sauce unter den Salat mischen. Buttermilch mit den grobzerkleinerten Erdbeeren durchmixen und Drink mit Zitrone und Süßstoff abschmecken.

15.8 g Eiweiß, 4.4 g Fett, 54.9 g Kohlenhydrate (4.6 BE), 338 kcal (1414 kJ)

ZWISCHENDURCH:

ERDBEERSCHNITTCHEN

1 Scheibe (45 g) Roggenvollkornbrot
1 EL (25 g) Magerquark
50 g Erdbeeren

Brot mit Quark bestreichen und mit den in Scheiben geschnittenen Erdbeeren belegen.

7.2 g Eiweiß, 1.0 g Fett, 22.6 g Kohlenhydrate (1.9 BE), 128 kcal (536 kJ)

ABENDESSEN:

SAUERAMPFER-SALAT MIT KRABBEN

50 g junge Sauerampferblätter
150 g Salatgurke
150 g Tomaten
50 g Krabben (Shrimps) aus der Dose
2 EL (50 g) Sahne-Dickmilch
2 EL (20 g) fettarmer Kefir
1 TL (5 g) Zitronensaft
Pfeffer, Salz, Süßstoff
2 EL (15 g) frischer Kerbel
Meerrettich aus dem Glas
1 Scheibe (30 g) Toastbrot
1 TL (5 g) Halbfettmargarine
0.2 l „Tropic-Frucht-Getränk" (mit Süßstoff)

Sauerampfer kurz waschen, abtropfen lassen. Gurke schälen, längs halbieren, die Kerne herausschaben und Gurke in millimeterdünne Scheiben schneiden. Tomaten in Spalten teilen. Salatgemüse mischen und die Krabben untermengen. Sahnedickmilch mit Zitronensaft, Würzzutaten und gewiegtem Kerbel mischen und unterheben. Dazu gerösteten Toast, bestrichen mit Halbfett, und das Getränk.

17.9 g Eiweiß, 10.8 g Fett, 36.2 g Kohlenhydrate (3.0 BE), 328 kcal (1372 kJ)

Insgesamt: 65.2 g Eiweiß, 27.6 g Fett, 167.5 g Kohlenhydrate (14.0 BE), 1219 kcal (5100 kJ)

3. Tag

FRÜHSTÜCK:

HAFERFLOCKENMÜSLI MIT FRÜCHTEN

4 EL (40 g) Vollkornhaferflocken
1 Kiwi (70 g)
100 g Erdbeeren
1 kleiner Apfel (100 g)
100 g fettarmer Kefir
1 EL (10 g) Zitronensaft
Süßstoff

Früchte kleinschneiden und mit den Haferflocken mischen. Die übrigen Zutaten verrühren und Mischung unterheben.

10.9 g Eiweiß, 5.8 g Fett, 54.1 g Kohlenhydrate (4.5 BE), 316 kcal (1322 kJ)

ZWISCHENDURCH:

ERDBEER-DRINK

150 g Erdbeeren
175 g Reine Buttermilch
1 EL (10 g) Zitronensaft
Süßstoff

Erdbeeren waschen, putzen, zerkleinern und mit den übrigen Zutaten durchmixen. Drink abschmecken.

7.7 g Eiweiß, 2.0 g Fett, 17.6 g Kohlenhydrate (1.5 BE), 129 kcal (540 kJ)

MITTAGESSEN:

ROHKOSTPLATTE „BESTFORM"

50 g Hähnchenbrust
Pfeffer, Salz, Paprikapulver
150 g Tomaten
200 g Salatgurke
150 g Möhren
1 Stengel (60 g) Bleichsellerie
½ Bund Radieschen (50 g)
½ gelbe Paprika (75 g)
2-3 frische Champignons (20 g)
2 EL (10 g) Kresse
100 g Dickmilch, 3.5% Fett

1 TL (5 g) geriebener Meerrettich
1 EL (10 g) Zitronensaft, Süßstoff
½ kleine Zwiebel (10 g)
2 (10 g) EL Schnittlauchröllchen
1 Vollkornbrötchen (50 g)

Hähnchenfleisch würzen und von beiden Seiten grillen, abkühlen lassen. Das Gemüse waschen und putzen, Möhren abbürsten. Tomaten achteln, Gurke in Stifte schneiden, Möhren raspeln, Bleichsellerie und Radieschen in Scheibchen schneiden, Paprika in Streifen, Pilze blättrigschneiden, Kresse grob hacken. Gemüse auf einem Teller anordnen und Kresse darüberstreuen. Hähnchenfleisch in Streifen schneiden, über die Rohkost legen. Dickmilch mit Meerrettich, Zitronensaft, Würzzutaten, gehackter Zwiebel und Schnittlauch verrühren und Sauce über die Rohkost verteilen. Dazu das Brötchen servieren.

23.8 g Eiweiß, 6.6 g Fett, 50.7 g Kohlenhydrate (4.2 BE), 374 kcal (1565 kJ)

ZWISCHENDURCH:

PIKANTER PAPRIKADRINK

½ gelbe Paprika (75 g geputzt)
1 EL (10 g) Zitronensaft
2 EL (10 g) Kerbel oder Petersilie, gewiegt
200 g fettarmer Kefir
Pfeffer, Salz, Paprikapulver

Paprikahälfte würfeln, mit den übrigen Zutaten durchmixen und Drink würzen.

7.9 g Eiweiß, 3.1 g Fett, 10.6 g Kohlenhydrate (0.9 BE), 108 kcal (452 k)

ABENDESSEN:

GROSSE SALATSCHÜSSEL, HÄHNCHENSCHNITZEL

150 g Kartoffeln
1 kleiner Kopfsalat (200 g)
½ Bund (50 g) Radieschen
150 g Tomaten
50 g Champignons
100 g Reine Buttermilch
2 EL (20 g) Zitronensaft
Pfeffer, Salz, Süßstoff
2 EL (10 g) Schnittlauchröllchen
1 kleines Hähnchenschnitzel (80 g)
Paprikapulver

Kartoffeln abbürsten und garen, dann pellen und würfeln. Salat waschen, putzen und zerpflücken. Radieschen waschen, putzen und hobeln, Tomaten achteln, Pilze blättrigschneiden. Diese Zutaten locker mischen und mit einem Dressing aus Buttermilch, den Würzzutaten und Schnittlauch anmachen. Hähnchenschnitzel würzen, grillen und zum Salat servieren.

33.7 g Eiweiß, 2.6 g Fett, 36.6 g Kohlenhydrate (3.1 BE), 302 kcal (1264 kJ)

Insgesamt: 84.0 g Eiweiß, 20.1 g Fett, 169.6 g Kohlenhydrate (14.1 BE), 1229 kcal (5142 kJ)

DIE EXOTEN-FEINSCHMECKER-DIÄT

Dauer: 7 Tage
Energie: ca. 1200 kcal pro Tag
Mahlzeiten: 5 pro Tag
alle Rezepte für 1 Person

Diäten gibt es heute für jeden Bedarf und jeden Anlaß. Doch so wirksam eine Diät auch sein mag, sie funktioniert nicht, wenn sie nicht auch schmeckt! Gerade dann, wenn man nur sehr wenig auf seinem Teller hat, will und soll man dieses Bißchen auch mit Genuß und Lust essen - wie es eben ein Feinschmecker tut! Wir haben uns eine Diät überlegt, die voll im Zeichen des Genusses und der Exklusivität steht. Dabei spielen exotische Früchte eine besondere Rolle, denn sie bringen viel Geschmack, aber nur wenig Kalorien auf den Tisch. Auch qualitätiv hochwertige Fisch- und Fleischwaren wurden in den Diätplan eingebaut. Sehen Sie selbst, wie schmackhaft und genußvoll es sein kann, Diät zu halten. Und wenn Sie nach 7 Tagen mit Ihrem Abspeckerfolg zufrieden sind, machen Sie die Diät gleich nochmal!

1. Tag

FRÜHSTÜCK:
EXOTEN-FRÜCHTEMÜSLI

1 kleine Banane (100 g geschält)
1 kleine Scheibe Ananas
(35 g, Dose)
75 g frische Mango
$^1/_2$ Karambole (50 g, ohne Schale und Kerne)
2-3 Kapstachelbeeren (25 g)
1 EL eingeweichte Weizenkörner
(= 7 g trockene Körner)
1 TL (5 g) Kokosraspel
1 EL (10 g) Zitronensaft
125 g fettarmer Kefir, Süßstoff

Banane schälen und in Scheiben schneiden. Ananasring kleinschneiden. Von der Mango die Haut abziehen und Fruchtfleisch stückweise vom Kern schneiden, dann würfeln. Karambolenhälfte in Scheiben (Sterne) schneiden, die Kerne entfernen und Zacke für Zacke die Schale abschneiden. Kapstachelbeeren aus den Hüllen drücken und halbieren. Früchte mischen, Körner und Kokosraspel - evtl. trocken angeröstet - untermischen. Kefir mit Zitronensaft und Süßstoff verrühren und darübergeben.

8.6 g Eiweiß, 6.2 g Fett, 52.3 g Kohlenhydrate (4.4 BE), 307 kcal (1284 kJ)

ZWISCHENDURCH:
MANGO-BUTTERMILCH

75 g Mango, frisch
2 EL (20 g) Zitronensaft
150 g Reine Buttermilch
Süßstoff

Mangofruchtfleisch würfeln, mit den übrigen Zutaten gut durchmixen und Drink abschmecken.

6.0 g Eiweiß, 1.3 g Fett, 17.5 g Kohlenhydrate (1.5 BE), 115 kcal (481 kJ)

MITTAGESSEN:
BIHUNSUPPE, CHICORÉE-MAIS-SALAT

$^1/_2$ Packung (Gesamtinhalt 250 g)
Bihunsuppe (TK-Ware, 125 g ergeben 350 ml Suppe)
1 kleine Staude Chicorée
(75 g geputzt)
100 g Maiskörner aus der Dose
$^1/_2$ kleine Zwiebel
Pfeffer, Salz, Süßstoff
1 EL (25 g) Sahne-Dickmilch
2 EL (20 g) fettarmer Kefir

Bihunsuppenpackung (250 g) halbieren und eine Hälfte nach Anweisung zubereiten (ergibt 350 ml Suppe). Vom Chicorée den bitteren Strunk keilförmig herausschneiden, Staude in fingerbreite Streifen schneiden, in warmem Wasser kurz waschen und mit Mais und gehackter Zwiebel mischen. Die übrigen Zutaten verrühren und Salat damit anmachen.

22.2 g Eiweiß, 7.7 g Fett, 48.1 g Kohlenhydrate (4.0 BE), 353 kcal (1477 kJ)

ZWISCHENDURCH:
MOND-UND-STERNE-SALAT

$^1/_2$ Karambole (50 g ohne Schale und Kerne)
1 Kiwi (70 g)
1 EL eingeweichte Weizenkörner
(= 7 g trockene Körner)
1 TL (5 g) Kokosflocken
1 EL (10 g) Zitronensaft, Süßstoff

Karambole in Scheiben (Sterne) schneiden und die Haut Zacke für Zacke wegschneiden, Kerne entfernen. Kiwi schälen, in Scheiben schneiden und diese halbieren. Die „Halbmonde" und „Sterne" auf einem Teller anordnen, Weizen, Kokos und Zitronensaft darübergeben und evtl. etwas süßen.

2.3 g Eiweiß, 3.9 g Fett, 14.3 g Kohlenhydrate (1.2 BE), 102 kcal (427 kJ)

ABENDESSEN:
HAWAII-TOAST, CHICORÉESALAT

1 Scheibe Toastbrot (30 g)
1 TL (5 g) Tomatenmark
2 kleine Tomaten (100 g)
1 Scheibe gekochter Schinken
(30 g, ohne Fettrand)
1 kleine Scheibe Ananas (35 g, Dose)
1 Scheibe Schmelzkäse (20 g, 45% F.i.Tr.)
1 Staude Chicorée (100 g geputzt)
2 EL (10 g) gewiegte Petersilie
2 EL (20 g) Orangensaft
2 EL (20 g) fettarmer Kefir
Pfeffer, Salz, Süßstoff

Toast mit Tomatenmark bestreichen und Tomatenscheibe belegen. Mit Pfeffer und wenig Salz würzen, den Schinken, dann die Ananasscheibe und den Schmelzkäse darauflegen. Im Grill überbacken, bis der Käse schmilzt. Vom Chicorée den bitteren Strunk herausschneiden, die Staude in feine Streifen schneiden und einige Minuten in warmes Wasser legen, damit die Bitterstoffe herausgelöst werden, gut abtropfen lassen, mit der zweiten, geachtelten Tomate mischen und mit Dressing aus Petersilie, Orangensaft, Kefir und Gewürzen anmachen.

16.1 g Eiweiß, 10.8 g Fett, 36.3 g Kohlenhydrate (3.0 BE), 309 kcal (1293 kJ)

Insgesamt: 55.2 g Eiweiß, 29.9 g Fett, 168.5 g Kohlenhydrate (14.0 BE), 1186 kcal (4962 kJ)

2. Tag

FRÜHSTÜCK:

BANANEN-BROT, BLUTORANGEN-DRINK

1 Scheibe (45 g) Roggenvollkornbrot
2 EL (50 g) Magerquark
1 kleine Banane (100 g), geschält
100 ml Blutorangen-Drink
1 TL (3 g) Weizenkleie

Brot mit Quark bestreichen, die in Scheiben geschnittene Banane darauf verteilen. Kleie unter den Blutorangen-Drink rühren.

11.7 g Eiweiß, 1.1 g Fett, 58.2 g Kohlenhydrate (4.8 BE), 300 kcal (1255 kJ)

ZWISCHENDURCH:

ANANAS-BUTTERMILCH

2 kleine Scheiben Ananas
(à 35 g aus der Dose)
1 EL (10 g) Zitronensaft
125 g Reine Buttermilch, Süßstoff

Ananasringe kleinschneiden, mit den anderen Zutaten gut durchmixen und Drink abschmecken.

4.9 g Eiweiß, 1.0 g Fett, 22.2 g Kohlenhydrate (1.8 BE), 95 kcal (397 kJ)

MITTAGESSEN:

FITNESSTELLER „ALBATROS"

1 kleine Staude Chicorée (75 g)
½ rosa Grapefruit (100 g Fruchtfleisch)
3 EL (75 g) Dickmilch, 3.5% Fett
1 EL (10 g) Zitronensaft
Pfeffer, Salz, Süßstoff
1 Msp. (3 g) geriebener Meerrettich
1 Scheibe Hähnchenbrust in Aspik (100 g)
2 kleine Scheiben (50 g) Roggenbrot
oder 1 Roggenbrötchen (50 g)

Vom Chicorée den bitteren Kern keilförmig herausschneiden, einige Blätter zum Anrichten beiseite legen und den Rest in feine Streifen schneiden. In warmem Wasser kurz waschen, abtropfen lassen. Grapefruithälfte in Filets teilen, diese zusammen mit den Chicoréeblätter auf einem Teller anordnen. Die Chicoréestreifen und die Geflügelsülze daneben legen. Dazu ein Dressing aus Dickmilch, Zitronensaft und den Würzzutaten sowie das Brot bzw. Brötchen servieren.

28.4 g Eiweiß, 8.8 g Fett, 36.6 g Kohlenhydrate (3.1 BE), 345 kcal (1443 kJ)

ZWISCHENDURCH:

MILCHREIS „RUBY RED"

1 Becher (200 g) Leichtkost-Milchreis
½ rosa Grapefruit (100 g Fruchtfleisch)

Grapefruithälfte schälen, in Filets teilen und diese kleinschneiden. Unter den Milchreis mischen.

8.4 g Eiweiß, 6.6 g Fett, 24.2 g Kohlenhydrate (2.0 BE), 181 kcal (757 kJ)

ABENDESSEN:

WILDREIS MIT MANGO-CURRY-SAUCE

50 g Wildreis-Mischung (Fertigprodukt mit Gewürzen, Rohgewicht)
1 TL (5 g) Butter
1 EL (25 g) Krebsfleisch aus der Dose
50 g Mangofruchtfleisch
½ Päckchen Helle Sauce (für 125 ml Sauce), reichlich Curry und Pfeffer

Wildreis-Mischung nach Packungsvorschrift kochen. Butter erhitzen, feingewürfeltes Krebsfleisch und Mango darin andünsten. Mit 1/8 l Wasser auffüllen, zwei Minuten köcheln lassen, pürieren, Saucenpulver einrühren und Sauce fertigstellen, mit Curry und Pfeffer würzen.

11.5 g Eiweiß, 4.5 g Fett, 53.6 g Kohlenhydrate (4.5 BE), 307 kcal (1284 kJ)

Insgesamt: 64.9 g Eiweiß, 22.0 g Fett, 194.8 g Kohlenhydrate (16.2 BE), 1228 kcal (5140 kJ)

3. Tag

FRÜHSTÜCK:

ANANAS-QUARK MIT VOLLKORNBROT

100 g Magerquark
2 EL (20 g) fettarmer Kefir
1 TL (5 g) Zitronensaft
3 kleine Scheiben Ananas (à 35 g, aus der Dose)
1 EL eingeweichte Weizenkörner (= 7 g trockene Körner)
Süßstoff
1 Scheibe (45 g) Roggenvollkornbrot

Quark mit Kefir und Zitronensaft glattrühren. Die Ananasringe kleinschneiden und zusammen mit dem Weizen untermischen. Dann abschmecken und einen Teil auf dem Brot verteilen. Rest so essen.

18.9 g Eiweiß, 1.7 g Fett, 52.1 g Kohlenhydrate (4.3 BE), 299 kcal (1251 kJ)

ZWISCHENDURCH:

PAPRIKAKEFIR „FEURIO"

100 g Paprikaschote
1 El (10 g) Zitronensaft
1 Msp. (3 g) geriebener Meerrettich
etwas Chilipulver oder Tabasco
175 g fettarmer Kefir
Pfeffer, Paprika, Salz, Süßstoff

Paprika waschen, putzen würfeln und zusammen mit den anderen Zutaten in den Mixer geben. Gut durchmixen und den Drink abschmecken.

7.8 g Eiweiß, 3.1 g Fett, 11.8 g Kohlenhydrate (1.0 BE), 113 kcal (473 kJ)

MITTAGESSN:

RINDERGESCHNETZELTES, EXOTISCH

30 g Wildreismischung (Rohgewicht)
1 TL (5 g) Öl
80 g Rindergeschnetzeltes (Filet)
Pfeffer, Salz, Paprika, Curry
50 g Chinakohl
50 g Mangofruchtfleisch, frisch
1 kleine Scheibe Ananas (35 g, Dose)
20 g Sojabohnenkeimlinge (Dose)
1 TL Rosinen (5 g)
1 TL (5 g) Mehl)
1 TL (15 g) Sahne-Dickmilch

Wildreismischung nach Vorschrift kochen. Öl in beschichteter Pfanne erhitzen und Fleisch darin scharf anbraten. Würzen, dann herausnehmen und den feingeschnittenen Chinakohl, gewürfelte Mango und Ananas in der Pfanne andünsten. Sojakeimlinge und Rosinen untermischen, 5 - 7 EL Wasser dazugeben, durchköcheln lassen und kräftig würzen. Mehl mit Sahne-Dickmilch verrühren und einrühren, aufkochen lassen und das Fleisch hineingeben. Mit Reis servieren.

20.9 g Eiweiß, 10.7 g Fett, 45.7 g Kohlenhydrate (3.8 BE), 366 kcal (1531 kJ)

ZWISCHENDURCH:

2 Kiwis (150 g)

1.4 g Eiweiß, 0.9 g Fett, 15.5 g Kohlenhydrate (1.3 BE), 75 kcal (314 kJ)

ABENDESSEN:

CACIK MIT FLADENBROT

400 g Salatgurke
1 Knoblauchzehe (1 g)
1/2 Becher Dickmilch (100 g, 3.5% Fett)
2 EL (20 g) Zitronensaft
2 EL (10 g) Dill, Pfeffer, Salz
3 EL (30 g) fettarmer Kefir
1 Stück (70 g) Fladenbrot
2 TL (10 g) Halbfettmargarine

Das Gurkenstück waschen, hobeln oder würfeln. Den Knoblauch durchpressen, unter die Dickmilch mischen und die Würzzutaten, Dill und Kefir unterrühren. Abschmecken und unter die Gurken heben. Mit Fladenbrot, bestrichen mit Halbfett, servieren.

13.4 g Eiweiß, 10.4 g Fett, 50.6 g Kohlenhydrate (4.2 BE), 354 kcal (1481 kJ)

Insgesamt: 62.4 g Eiweiß, 26.8 g Fett, 175.7 g Kohlenhydrate (14.6 BE), 1207 kcal (5050 kJ)

4. Tag

FRÜHSTÜCK:

„LEICHTE WELLE"

1 Becher (200 g) Leichtkost-Milchreis „natur"
1 TL (3 g) Kleie
1 Kiwi (70 g)
1 Glas (0.2 l) Blutorangen-Drink

Kleie unter den Milchreis mischen. Kiwi schälen, kleinschneiden und unterheben. Dazu den Blutorangen-Drink servieren.

8.9 g Eiweiß, 2.2 g Fett, 55.5 g Kohlenhydrate (4.6 BE), 290 kcal (1213 kJ)

ZWISCHENDURCH:

HERZHAFT BELEGTES KNÄCKEBROT

1 Scheibe (10 g) Knäckebrot
1 TL (5 g) Halbfettmargarine
1 Scheibe (25 g) Hähnchenbrust in Aspik (oder andere Geflügelsülze)
1 kleine Gewürzgurke (25 g)

Brot mit Halbfett bestreichen, die Sülze darauflegen und mit in Scheiben geschnittener Gurke garnieren.

6.3 g Eiweiß, 3.4 g Fett, 7.6 g Kohlenhydrate (0.6 BE), 88 kcal (368 kJ)

MITTAGESSEN:

CHICORÉE-SALAT „MARITIM"

1 Staude Chicorée (100 g)
75 g Krebsfleisch aus der Dose
5 paprikagefüllte Oliven (25 g)
1 kleine Scheibe Ananas (35 g, aus der Dose)
2 EL (50 g) Dickmilch, 3.5% Fett
1 EL (10 g) Zitronensaft
2 EL feingewiegte Kresse (10 g)
Pfeffer, Salz, Süßstoff
1 Stück Baguette (60) oder Weißbrot oder 1 Baguettebrötchen (ca. 60 g)
2 TL (10 g) Halbfettmargarine

Vom Chicorée ein paar äußere Blätter entfernen und einen Salatteller damit auslegen. Chicoréestaude dann halbieren, den Strunk herausschneiden und Salat in Streifen schneiden. Krebsfleisch dazugeben, Oliven in Scheiben und Ananas in Stückchen schneiden, alles gut mischen und Salat auf dem Teller anrichten. Dickmilch mit Zitronensaft, Kresse und Würzzutaten mischen und darübergeben. Baguette quer durchschneiden, beide Hälften mit Halbfett bestreichen und zum Salat servieren.

22.4 g Eiweiß, 11.9 g Fett, 42.8 g Kohlenhydrate (3.6 BE), 365 kcal (1527 kJ)

ZWISCHENDURCH:

GURKENDRINK

150 g Salatgurke
200 g fettarmer Kefir
1 EL (10 g) Zitronensaft
2 EL (10 g) Dill
Pfeffer, Salz

Gurkenstück schälen und würfeln, mit den anderen Zutaten in den Mixer geben, gut durchmixen und Drink abschmecken.

8.7 g Eiweiß, 3.6 g Fett, 13.3 g Kohlenhydrate (1.1 BE), 128 kcal (536 kJ)

ABENDESSEN:

BIHUNSUPPE, MILCHREIS

½ Packung Bihunsuppe (TK-Ware, Rest vom 1. Tag, 125 g für 350 ml Suppe)
1 Becher (200 g) Leichtkost-Milchreis „natur"

Suppe nach Packungsvorschrift zubereiten. Zum Nachtisch Milchreis servieren.

23.9 g Eiweiß, 4.8 g Fett, 45.3 g Kohlenhydrate (3.8 BE), 320 kcal (1339 kJ)

Insgesamt: 70.2 g Eiweiß, 25.5 g Fett, 164.5 g Kohlenhydrate (13.7 BE), 1191 kcal (4983 kJ)

5. Tag

FRÜHSTÜCK:
BANANEN-ANANAS-MÜSLI

1 kleine Banane (100 g geschält)
1 kleine Scheibe Ananas (35 g, Dose)
2 EL eingeweichte Weizenkörner (= 15 g trockene Körner)
25 g Cornflakes
125 g fettarmer Kefir
1 EL (10 g) Zitronensaft, Süßstoff

Banane und Ananas kleinschneiden, mit Weizen und Cornflakes mischen und Kefir darübergeben. Mit Zitronensaft und Süßstoff abschmecken.

9.5 g Eiweiß, 2.6 g Fett, 62.2 g Kohlenhydrate (5.2 BE), 309 kcal (1293 kJ)

ZWISCHENDURCH:
ORANGENDRINK

100 g Orangensaft
1 TL (3 g) Kleie
150 g Reine Buttermilch, Süßstoff
Zutaten verquirlen und Drink abschmecken.

6.7 g Eiweiß, 1.4 g Fett, 17.6 g Kohlenhydrate (1.5 BE), 119 kcal (498 kJ)

MITTAGESSEN:
CHINAPFANNE MIT REIS

30 g Langkornreis (Rohgewicht)
1 TL Öl (5 g)
75 g Schweinefilet
Pfeffer, Chinagewürz, Curry, Salz
50 g Bambussprossen (Dose)
50 g Mungbohnensprossen (Dose)
1 Möhre (50 g)
1 Frühlingszwiebel (20 g)
2 EL (10 g) gehackte Petersilie
etwas abgeriebene Orangen- oder Zitronenschale und - saft
gut 1 TL Instant-Bratensauce (5 g)

Reis garen. Öl in einer beschichteten Pfanne erhitzen. Filet schnetzeln, darin scharf anbraten und würzen. Sprossen, in Streifen geschnittene Möhre, Frühlingszwiebel und gehackte Petersilie dazugeben und mitdünsten. Zitrusschale und Saft untermischen, etwas Wasser zufügen,Bratensauce einrühren und aufkochen. Mit Reis servieren.

22.7 g Eiweiß, 16.6 g Fett, 34.4 g Kohlenhydrate (2.9 BE), 378 kcal (1582 kJ)

ZWISCHENDURCH:
1 Becher (200 g) extraleichter Vanillejoghurt

10.0 g Eiweiß, 0.2 g Fet,, 15.0 g Kohlenhydrate (1.3 BE), 98 kcal (410 kJ)

ABENDESSEN:
ARABISCHE MANGOLDSUPPE

200 g frischer Mangold (geputzt)
1 TL (5 g) Olivenöl
1-2 Frühlingszwiebeln (ca. 40 g)
30 g Langkornreis (Rohgewicht)
Kurkuma, gemahlener Koriander, schwarzer Pfeffer, Salz, evtl. Instantbrühe zum Abschmecken
1 Knoblauchzehe (1 g)
2 EL (50 g) Sahne-Dickmilch
1 Scheibe Knäckebrot (10 g)

Mangold waschen, putzen und grob hacken. Öl erhitzen. Frühlingszwiebel fein hacken, im Öl anbraten, dann Mangold, Reis und Gewürze hinzufügen. Kurz mitrösten, mit 250 ml Wasser ablöschen und das Ganze 20 Minuten zugedeckt köcheln lassen. Den Knoblauch abziehen, durchdrücken und mit der Sahnedickmilch zur Suppe geben.

Kurz ziehen (aber nicht kochen!) lassen, abschmecken, mit Knäckebrot servieren.

10.2 g Eiweiß, 11.6 g Fett, 33.9 g Kohlenhydrate (2.8 BE), 301 kcal (1259 kJ)

Insgesamt:59.1 g Eiweiß, 32.4 g Fett, 163.1 g Kohlenhydrate (13.6 BE), 1205 kcal (5042 kJ)

6. Tag

FRÜHSTÜCK:

FEINSCHMECKER-VOLLWERTMÜSLI

150 g Honigmelone (ohne Schale und Kerne gewogen)
1 Kiwi (70 g)
einige Heidelbeeren (25 g, frisch oder TK-Ware)
30 g Müslimischung (ungesüßt, Fertigprodukt)
1 EL (10 g) Zitronensaft, Süßstoff
100 g fettarmer Kefir

Melonenfruchtfleisch kugelförmig ausstechen oder würfeln, Kiwi schälen und in Scheiben schneiden. Diese Früchte und die Heidelbeeren mit Müsli mischen. Die übrigen Zutaten verrühren und Sauce darübergeben.

8.1 g Eiweiß, 5.2 g Fett, 56.0 g Kohlenhydrate (4.7 BE), 308 kcal (1289 kJ)

ZWISCHENDURCH:

HEIDELBEER-DRINK

75 g Heidelbeeren (frisch oder TK)
1 EL (10 g) Zitronensaft
100 g fettarmer Kefir, Süßstoff

Heidelbeeren zerdrücken, mit Zitronensaft unter den Kefir rühren und Drink süßen.

4.3 g Eiweiß, 2.0 g Fett, 19.9 g Kohlenhydrate (1.7 BE), 118 kcal (494 kJ)

MITTAGESSEN:

SEELACHSFILET AUF MANGOLD

125 g Kartoffeln (geschält)
200 g Seelachsfilet
2 EL (20 g) Zitronensaft
Pfeffer, Salz
1 TL (5 g) Öl
150 g Mangold
Muskat

Kartoffeln schälen, vierteln und in Salzwasser garen. Fischfilet abspülen, mit Zitronensaft beträufeln, etwas ziehen lassen, abtupfen und würzen. Öl in einer beschichteten Pfanne erhitzen, das Fischfilet darin braten. Den Mangold waschen, putzen und in kochendes Salzwasser geben. Kurz aufwallen lassen, herausnehmen, gut abgetropft in eine Form geben und mit Pfeffer, Muskat und Salz würzen. Fischfilet darauflegen und das Ganze zugedeckt noch 10 Minuten dünsten. Kartoffeln durch eine Presse auf den Teller drücken, Fisch und Mangold daneben anrichten.

42.8 g Eiweiß, 7.2 g Fett, 30.3 g Kohlenhydrate (2.5 BE), 359 kcal (1502 kJ)

ZWISCHENDURCH:
MILCHREIS MIT BANANE

½ kleine Banane (50 g), geschält
1 Becher (200 g) Leichtkost-Milchreis „natur"

Banane kleinschneiden und unter den Milchreis mischen.

8.4 g Eiweiß, 1.7 g Fett, 32.6 g Kohlenhydrate (2.7 BE), 179 kcal (749 kJ)

ABENDESSEN:
VEGETARISCHER REISTOPF, SÜßSAUER

30 g Langkornreis
1 TL (5 g) Öl
1 kleine Frühlingszwiebel (30 g)
1 Möhre (50 g)
50 g Bambussprossen (Glas)
50 g Mungbohnensprossen (Glas)
1 kleine Scheibe Ananas (35 g, Dose)
50 g Papayastücke (Dose)
50 g Mangofruchtfleisch (frisch)
Pfeffer, Sojasauce, Curry, Süßstoff
100 ml Brühe (Instant)
1 EL (25 g) Dickmilch, 3.5% Fett

Reis garen. Öl erhitzen, die feingehackte Frühlingszwiebel und die in Streifen geschnittene Möhre darin andünsten, Sprossen und kleingeschnittene Früchte dazugeben und das Ganze würzen. Zugedeckt 3 Minuten köcheln lassen, dann Brühe und gegarten Reis dazugeben. Mit Dickmilch abrunden.

10.9 g Eiweiß, 8.2 g Fett, 49.6 g Kohlenhydrate (4.1 BE), 312 kcal (1305 kJ)

Insgesamt: 74.5 g Eiweiß, 24.3 g Fett, 188.4 g Kohlenhydrate (15.7 BE), 1276 kcal (5339 kJ)

7. Tag

FRÜHSTÜCK:
ANANASBRÖTCHEN, BLUTORANGEN-DRINK

1 Roggenbrötchen (50 g)
2 EL (50 g) Magerquark
2 kleine Scheiben (à 35 g) Ananas aus der Dose
1 kl. Glas (150 ml) BlutorangenDrink

Brötchen halbieren, auf jede Hälfte 1 EL Quark und 1 Ananasring geben. Dazu den Drink servieren.

1.3 g Eiweiß, 1.0 g Fett, 59.4 g Kohlenhydrate (5.0 BE), 300 kcal (1255 kJ)

ZWISCHENDURCH:
TOMATENSHAKE, KRÄUTERKNÄCKE

150 ml Tomatensaft
50 ml Blutorangen-Drink (Rest)
1 TL (3 g) Kleie
1 Scheibe Knäckebrot (10 g)
1 TL (5 g) Halbfettmargarine
2 EL (10 g) Schnittlauchröllchen, evtl. Pfeffer

Tomatensaft mit Blutorangendrink und Kleie verquirlen. Das Brot mit Halbfett bestreichen und mit Schnittlauch bestreuen, evtl. noch pfeffern.

3.4 g Eiweiß, 2.5 g Fett, 18.2 g Kohlenhydrate (1.5 BE), 114 kcal (477 kJ)

MITTAGESSEN:
MATJESSALAT „VASCO DA GAMA"

1 Matjesfilet (50 g)
1 kleine Scheibe Ananas (35 g, Dose)
50 g Papayastücke aus der Dose
½ kleine Banane (50 g), geschält
1 kleiner Apfel (100 g)
1 Karambole (100 g)
1 EL (10 g) Zitronensaft
2 EL (50 g) Dickmilch, 3.5% Fett
3 EL (30 g) fettarmer Kefir
Pfeffer, Curry, evtl. Salz und Süßstoff

Matjesfilet in Streifen schneiden. Früchte kleinschneiden und mit den Matjesstücken mischen. Die übrigen Zutaten verrühren, Sauce abschmecken und unter den Salat heben. Im Kühlschrank etwas durchziehen lassen.

13.8 g Eiweiß, 14.9 g Fett, 38.7 g Kohlenhydrate (3.2 BE), 347 kcal (1452 kJ)

ZWISCHENDURCH:

1 Becher (200 g) Leichtkost-Milchreis „Zimt"

8.0 g Eiweiß, 1.8 g Fett, 23.4 g Kohlenhydrate (2.0 BE), 140 kcal (586 kJ)

ABENDESSEN:
SÜDSEE-SUPPE

1 TL Öl (5 g)
½ kleine Zwiebel (10 g)
1 kleine Banane (100 g geschält)
¼ l Fleischbrühe, Curry, Pfeffer, Süßstoff
50 g Bambussprossen (Dose)
2 EL (50 g) Sahne-Dickmilch
1 knapper TL (3 g) Speisestärke
1 kleine Scheibe Ananas (35 g, Dose)
1 TL Kokosraspel (5 g)

Öl erhitzen, die feingehackte Zwiebel darin andünsten. Banane zur Hälfte zerdrücken und dazugeben, kurz andünsten, dann mit Brühe auffüllen. Gewürze und Bambussprossen dazugeben und die Suppe 5 Minuten köcheln lassen. Sahnedickmilch mit Stärke glattrühren und Suppe damit binden. Vom Herd nehmen und die kleingeschnittene Ananas sowie die zweite Bananenhälfte in Scheiben dazugeben. Abschmecken und mit Kokos – trocken angeröstet – bestreuen.

6.0 g Eiweiß, 14.6 g Fett, 36.0 g Kohlenhydrate (3.0 BE), 299 kcal (1251 kJ)

Insgesamt: 42.5 g Eiweiß, 34.8 g Fett, 175.7 g Kohlenhydrate (14.6 BE), 1200 kcal (5021 kJ)

DIE VOLLWERT-DIÄT

7-Tageskur nach den Prinzipien der Vollwertkost

Dauer: 7 Tage
Energie: ca. 1200 kcal pro Tag
Mahlzeiten: 5 pro Tag
alle Rezepte für 1 Person

1. Tag

FRÜHSTÜCK:

KRESSEBROT MIT EI, ZITRUSDRINK

1 Scheibe (45 g) Roggenvollkornbrot
1 TL (5 g) Halbfettmargarine
1 Kästchen Kresse (20 g)
1 hartgekochtes Ei (Gew.Kl. 4)
100 g Reine Buttermilch
100 ml Grapefruitsaft, eventuell frischgepreßt

Brot mit Halbfettmargarine bestreichen, mit der grob gehackten Kresse belegen und das in Scheiben geschnittene Ei darauflegen. Buttermilch mit Grapefruitsaft verquirlen, mit Süßstoff abschmecken und zum Brot servieren.

14.4 g Eiweiß, 9.6 g Fett, 32.0 g Kohlenhydrate (3.9 BE), 3.2 g Ballaststoffe, 281 kcal (1176 kJ)

ZWISCHENDURCH:

1 Becher (200 g)
Dickmilch, 3.5% Fett

7.8 g Eiweiß, 7.0 g Fett, 9.2 g Kohlenhydrate (0.8 BE), 0 g Ballaststoffe, 136 kcal (569 kJ)

MITTAGESSEN:

ÜBERBACKENE FENCHEL-TOMATEN-PFANNE

1 Fenchelknolle (250 g)
1 mittelgroße Kartoffel (70 g)
250 g Tomaten
1 TL (5 g) Butter
1 EL (25 g) Sahne-Dickmilch
2 EL (30 g) Gouda, gerieben (45% F.i.T.)
weißer Pfeffer, Knoblauchsalz, Kräuter der Provence, Thymian

Fenchel putzen, waschen und in dünne Scheiben schneiden. Kartoffel schälen, ebenfalls in dünne Scheiben hobeln. Beides etwa 5 Minuten in kochendem Salzwasser garen, auf ein Sieb schütten und gut abtropfen lassen. Tomaten in Scheiben schneiden. Eine hitzefeste Form mit Butter ausstreichen, die Gemüsescheiben hineinschichten und mit Knoblauchsalz, Pfeffer und den zerriebenen Kräutern bestreuen. Sahne-Dickmilch zwischen die Kartoffelscheibchen verteilen und das Ganze mit geriebenem Gouda bestreuen. Im vorgeheizten Backofen bei 200°C backen, bis der Käse zerläuft.

18.5 g Eiweiß, 16.8 g Fett, 33.7 g Kohlenhydrate (2.8 BE), 14.5 g Ballaststoffe, 362 kcal (1515 kcal)

ZWISCHENDURCH:

1 große Banane (150 g)

1.7 g Eiweiß, 0.3 g Fett, 28.2 g Kohlenhydrate (2.4 BE), 4.5 g Ballaststoffe, 122 kcal (510 kJ)

ABENDESSEN:

RÖSTKARTOFFELN, ROTE BEETE-SALAT MIT LINSENSPROSSEN

150 g kleine Salatkartoffeln
1 EL (10 g) Pflanzenöl
250 g Rote Beete (aus dem Glas), in Scheiben oder in Stiften
1 Frühlingszwiebel mit Grün (25 g)
20 g Linsensprossen (aus 1 Tl. bzw. 7 g Linsen)
2 EL (20 g) fettarmer Kefir
1 EL (10 g) Zitronensaft
Meerrettich, Meersalz, Pfeffer, gerebelter Estragon

Kartoffeln schälen, in wenig Wasser garen und abkühlen lassen. Rote Beete abtropfen lassen, mit der in Scheiben geschnittenen Frühlingszwiebel und den Linsensprossen mischen. Aus Kefir, Zitronensaft, Meerrettich und den anderen Würzzutaten eine Sauce rühren und den Salat damit anmachen. Die Kartoffelscheiben in heißem Öl rundherum anbraten, mit Meersalz und Pfeffer würzen. Dazu den Salat servieren.

8.5 g Eiweiß, 10.7 g Fett, 49.3 g Kohlenhydrate (4.2 BE), 10.3 g Ballaststoffe, 329 kcal (1377 kJ)

Insgesamt: 50.9 g Eiweiß, 44.4 g Fett, 152.4 g Kohlenhydrate (12.7 BE), 38.6 g Ballaststoffe, 1233 kcal (5159

2. Tag

FRÜHSTÜCK:
APFELMÜSLI MIT WEIZENKEIMEN

1 Apfel (150 g)
2 EL (20 g) Vollkornhaferflocken
1 EL (15 g) Weizenkeime
1 EL (10 g) Zitronensaft
200 g Reine Buttermilch, Süßstoff

Apfel ungeschält würfeln, mit Haferflocken, Weizenkeimen und Zitronensaft mischen.Buttermilch daruntermischen und Müsli mit Süßstoff abschmecken.

14.7 g Eiweiß, 5.2 g Fett, 42.6 g Kohlenhydrate (3.6 BE), 8.2 g Ballaststoffe, 275 kcal (1151 kJ)

ZWISCHENDURCH:
RADIESCHENBROT

1 Scheibe (45 g) Roggenvollkornbrot
1 EL (25 g) Magerquark
5 Radieschen (30 g), Meersalz

Brot mit Quark bestreichen und mit den in Scheiben geschnittenen Radieschen belegen, leicht salzen.

7.1 g Eiweiß, 0.7 g Fett, 20.1 g Kohlenhydrate (1.7 BE), 3.4 g Ballaststoffe, 115 kcal (481 kJ)

MITTAGESSEN:
GRIESS-SUPPE MIT GEMÜSESTREIFEN, BUTTERMILCHPFANNKUCHEN MIT PILZEN

¼ Liter Gemüsebrühe (Instant)
1 Möhre (50 g)
1 Stück (50 g) Lauch
1 gestr.EL (10 g) Hartweizengrieß
Petersilie
1 Ei (Gew.Kl.4)
100 g Reine Buttermilch
3 leichtgehäufte EL (60 g) Mehl

1 EL (10 g) Öl
150 g frische Champignons
1 TL (5 g) Butter
1 EL (15 g) Weizenkeime
Pfeffer, Meersalz

Möhre und Lauch putzen und in feine Streifen schneiden. Alles in die kochende Brühe geben und garen. Dann Grieß einstreuen, einmal aufwallen lassen, dann Suppe mit Petersilie bestreuen. Ei mit Buttermilch, Salz und dem Mehl verquirlen. Öl in einer beschichteten Pfanne erhitzen, aus dem Teig zwei dünne Pfannkuchen backen. Einen Pfannkuchen für später aufheben, den anderen warmstellen. Butter in der Pfanne zerlassen, die blättriggeschnittenen Champignons darin andünsten, mit Pfeffer und Salz würzen. Weizenkeime dazugeben und gehackte Petersilie daruntermischen. Pilzmasse auf eine Pfannkuchenhälfte geben, andere Hälfte überklappen.

19.1 g Eiweiß, 16.3 g Fett, 45.2 g Kohlenhydrate (3.8 BE), 8.8 g Ballaststoffe, 379 kcal (1586 kJ)

ZWISCHENDURCH:
BIRNENKEFIR

1 vollreife Birne (150 g)
100 g fettarmer Kefir
1 EL Zitronensaft (10 g), Süßstoff

Birne kleinschneiden, mit den übrigen Zutaten im Mixer durchmixen und Drink abschmecken.

4.6 g Eiweiß, 2.1 g Fett, 20.2 g Kohlenhydrate (1.7 BE), 4.5 g Ballaststoffe, 122 kcal (510 kJ)

ABENDESSEN:
GURKENKALTSCHALE

1 Stück Salatgurke (250 g)
3 Tomaten (150 g)
1 Kästchen Kresse (20 g)
1 EL (10 g) Zitronensaft
½ Becher (= 250 g) fettarmer Kefir
2 Scheiben (à 10 g) Sesamknäckebrot
2 TL (10 g) Halbfettmargarine
Meersalz, Pfeffer, Knoblauch

Gurke schälen und würfeln, Tomaten achteln, das Gemüse mit gehakkter Kresse, Zitronensaft, Salz und Pfeffer mischen und mit Knoblauch abrunden. Kefir dazugießen, etwas durchziehen lassen. Dazu die Knäkkebrote, bestrichen mit Halbfett, servieren.

14.0 g Eiweiß, 8.7 g Fett, 33.0 g Kohlenhydrate (2.9 BE), 7.3 g Ballaststoffe, 277 kcal (1159 kJ)

Insgesamt: 59.5 g Eiweiß, 33.0 g Fett, 161.1 g Kohlenhydrate (13.4 BE), 32.2 g Ballaststoffe, 1168 kcal (4887

3. Tag

FRÜHSTÜCK:
BIRNEN-KEFIR-MÜSLI

1 vollreife Birne (150 g)
100 g Weintrauben
1 TL (5 g) Zitronensaft
2 EL (20 g) Vollkornhaferflocken
1 EL (15 g) Weizenkeime
100 g fettarmer Kefir, Süßstoff

Birne kleinschneiden, mit Trauben und Zitronensaft mischen. Haferflocken, die Keime und den Kefir daruntermischen. Mit Süßstoff abschmecken.

12.3 g Eiweiß, 5.3 g Fett, 53.3 g Kohlenhydrate 4.4 BE), 9.8 g Ballaststoffe, 303 kcal (1268 kJ)

ZWISCHENDURCH:
FRISCHKÄSE MIT KNÄCKEBROT

1 Scheibe Knäckebrot (10 g)
½ Becher (= 100 g) körniger Frischkäse
1 EL (5 g) Schnittlauchröllchen

Schnittlauch unter den Frischkäse mischen, dazu Knäckebrot essen.

13.3 g Eiweiß, 4.6 g Fett, 10.2 g Kohlenhydrate (0.9 BE), 1.4 g Ballaststoffe, 134 kcal (561 kJ)

MITTAGESSEN:
PELLKARTOFFELN MIT SPROSSENQUARK

250 g Kartoffeln
½ Packung (= 125 g) Magerquark
Meersalz, Pfeffer
3 EL (30 g) Reine Buttermilch
½ kleine Zwiebel (10 g)
1 TL (5 g) Butter
Kümmel
20 g Linsensprossen (aus 1 Tl. bzw. 7 g Linsen)

Kartoffeln abbürsten und garen. Den Quark mit Buttermilch, Pfeffer und Salz glattrühren. Butter zerlassen, die gehackte Zwiebel mit Kümmel darin andünsten, Masse abkühlen lassen und unter den Quark mischen. Fertige Kartoffeln aufbrechen, jeweils einen Klacks Quark daraufgeben und mit Linsensprossen bestreuen.

25.0 g Eiweiß, 5.2 g Fett, 49.5 g Kohlenhydrate (4.1 BE), 7.5 g Ballaststoffe, 347 kcal (1452 kJ)

ZWISCHENDURCH:

1 BANANE (150 g), geschält

1.7 g Eiweiß, 0.3 g Fett, 28.2 g Kohlenhydrate (2.4 BE), 4.5 g Ballaststoffe, 122 kcal (541 kJ)

ABENDESSEN:

GERÄUCHERTES FORELLENFILET MIT BROT

1 Scheibe (45 g) Roggenvollkornbrot
1 TL (5 g) Halbfettmargarine
1 geräuchertes Forellenfilet (70 g)
2 EL (50 g) Sahne-Dickmilch
1 TL Meerrettich (aus dem Glas)
Pfeffer aus der Mühle
50 g Kopfsalatblätter
40 g Radieschen
Meersalz, Zitronensaft, Süßstoff
5 EL (50 g) fettarmer Kefir

Brot mit Halbfett bestreichen, zwei Salatblätter und das Fischfilet darauf legen. Sahne-Dickmilch mit Pfeffer und Meerrettich verrühren, zum Brot servieren. Dazu einen Salat reichen aus den restlichen Salatblättern, den in Scheiben geschnittenen Radieschen und einem Dressing aus Kefir, Zitronensaft, Salz und Süßstoff.

31.4 g Eiweiß, 13.2 g Fett, 24.6 g Kohlenhydrate (2.1 BE), 3.9 g Ballaststoffe, 304 kcal (1272 kJ)

Insgesamt: 66.2 g Eiweiß, 36.4 g Fett, 156.4 Kohlenhydrate (13.0 BE), 27,1 g Ballastsoffe, 1227 kcal (5134 kJ)

4. Tag

FRÜHSTÜCK:

VOLLKORNBROT MIT MÖHRENQUARK, MILCHREIS

1 Scheibe (45 g) Roggenvollkornbrot
2 EL (50 g) Magerquark
1 EL (25 g) Sahne-Dickmilch
Meersalz, Pfeffer, Zitronensaft
1 Möhre (50 g)
½ Becher (= 100 g) Leichtkost-Milchreis „natur"
1 TL (5 g) gehackte Haselnüsse
1 Glas (0.2 l) Tomatensaft

Quark mit Sahne-Dickmilch, Salz, Pfeffer und Zitronensaft glattrühren, geraspelte Möhre untermischen und den Quark auf das Brot streichen. Den Milchreis mit den Nüssen mischen, mit Tomatensaft servieren.

17.8 g Eiweiß, 7.5 g Fett, 42.5 g Kohlenhydrate (3.5 BE), 5.9 g Ballaststoffe, 309 kcal (1293 kJ)

ZWISCHENDURCH:

MÜSLIMILCHREIS

½ Becher (=100 g) Leichtkost-Milchreis "natur"
1 TL (ca. 7 g) Weizenkeime
1 TL (ca. 5 g) gehackte Haselnüsse
abgeriebene Zitronenschale

Weizenkeime, Nüsse und Zitronenschale unter den Milchreis mischen.

6.7 g Eiweiß, 4.6 g Fett, 14.5 g Kohlenhydrate (1.2 BE), 2.0 g Ballaststoffe, 120 kcal (502 kJ)

MITTAGESSEN:

ZWIEBEL-APFEL-SALAT MIT LINSENSPROSSEN, HARZER KÄSEBROT

1 mittelgroßer Apfel (150 g)
1 große Gemüsezwiebel (200 g)
Pfeffer, Meersalz
20 g Linsensprossen (= 7 g Linsen)
3 EL (30 g) fettarmer Kefir
1 EL (10 g) Zitronensaft
Schnittlauchröllchen
1 Scheibe (45 g) Roggenvollkornbrot
1 TL (5 g) Halbfettmargarine
50 g Harzer Käse

Apfel ungeschält in feine Stifte schneiden, mit Zitronensaft mischen. Zwiebel schälen und fein würfeln, mit den Apfelstiften mischen. Salat mit Kefir, Pfeffer und Salz anmachen und mit Schnittlauch bestreuen. Brot mit Halbfett bestreichen und mit dem in Scheiben geschnittenen Harzer belegen.

24.1 g Eiweiß, 7.0 g Fett, 53.0 g Kohlenhydrate (4.4 BE), 14.7 g Ballaststoffe, 357 kcal (1494 kJ)

ZWISCHENDURCH:

KRÄUTERDRINK

200 g Reine Buttermilch
1 EL (25 g) Sahne-Dickmilch
je 1 EL (5 g) feingewiegter Schnittlauch, Dill und Petersilie
1 TL (5 g) Zitronensaft
Meersalz, Pfeffer

Buttermilch mit Sahne-Dickmilch glattrühren und mit Kräutern, Gewürzen und Zitronensaft abrunden.

8.3 g Eiweiß, 3.9 g Fett, 9.5 g Kohlenhydrate (0.8 BE), 0.7 g Ballaststoffe, 117 kcal (490 kJ)

5. Tag

FRÜHSTÜCK:

GEFÜLLTE GRAPEFRUIT, KRÄUTERSCHNITTE

$^{1}/_{2}$ Grapefruit (100 g Fruchtfleisch)
$^{1}/_{2}$ Becher (100 g) Leichtkost-Milchreis „natur"
1 Scheibe (45 g) Roggenvollkornbrot
$^{1}/_{2}$ Becher (100 g) körniger Frischkäse, Schnittlauchröllchen

Aus der Grapefruithälfte vorsichtig das Fruchtfleisch herauslösen, kleinschneiden, unter den Milchreis mischen und die Grapefruitschale damit füllen. Brot dick mit Frischkäse bestreichen und mit Schnittlauch bestreuen.

20.2 g Eiweiß, 5.9 g Fett, 43.5 g Kohlenhydrate (3.6 BE), 4.7 g Ballaststoffe, 307 kcal (1284 kJ)

ZWISCHENDURCH:

DICKMILCH „OLIVIA"

$^{1}/_{2}$ Becher (100 g) Dickmilch, 3.5% Fett
1 EL (25 g) Sahne-Dickmilch
3 paprikagefüllte Oliven (15 g)
Paprikapulver, Pfeffer, Meersalz

Dickmilch mit Sahne-Dickmilch glattrühren, gehackte Oliven und Würzzutaten untermischen.

5.0 g Eiweiß, 6.3 g Fett, 5.9 g Kohlenhydrate (0.5 BE), 0.6 g Ballaststoffe, 119 kcal (498 kJ)

ABENDESSEN:

GEMÜSESUPPE MIT PFANNKUCHENSTREIFEN

gut $^{1}/_{4}$ Liter Gemüsebrühe (Instant)
2 Möhren (100 g)
1 Stückchen Lauch (50 g)
1 Stückchen Sellerieknolle (50 g)
1 Buttermilchpfannkuchen (vom zweiten Tag)
2 Kiwis (150 g

Brühe erhitzen. Gemüse in feine Streifen schneiden, in der kochenden Brühe garen. Pfannkuchen in sehr feine Streifen schneiden, zur Brühe geben, sofort servieren. Zum Dessert 2 Kiwis essen.

13.7 g Eiweiß, 11.2 g Fett, 48.5 g Kohlenhydrate (4.0 BE), 9.3 g Ballaststoffe, 311 kcal (1301 kJ)

Insgesamt: 70.6 g g Eiweiß,34.2 g Fett,168.0 g Kohlenhydrate (14.0 BE), 32.6 g Ballaststoffe, 1214 kcal (5079

MITTAGESSEN:
HAFERFLOCKENSUPPE,
MÖHREN-ROHKOST

gut $^{1}/_{4}$ Liter Gemüsebrühe (Instant oder Würfel)
3 EL (30 g) Vollkornhaferflocken
1 EL Petersilie, gewiegt
250 g Möhren
1 Apfel (150 g)
1 EL gehackte Nüsse oder Mandelblättchen (10 g)
5 EL (50 g) fettarmer Kefir
1 EL Zitronensaft (10 g)
Pfeffer, Süßstoff, Meersalz

Brühe zum Kochen bringen und die Haferflocken einstreuen. Kurz ziehen lassen, mit Petersilie bestreuen. Möhren abbürsten, grob raspeln. Apfel schälen, vom Kernhaus befreien und raffeln. Unter die Möhrenraspel mischen, Salat mit Zitronensaft, Kefir, Salz und Pfeffer anmachen. Mit Süßstoff abschmecken und mit Mandeln oder Nüssen bestreut servieren.

11.4 g Eiweiß,11.4 g Fett, 51.9 g Kohlenhydrate (4.3 BE), 16.0 g Ballaststoffe, 359 kcal (1502 kJ)

ZWISCHENDURCH:
GRAPEFRUITDRINK

Saft $^{1}/_{2}$ Grapefruit (50 ml)
150 g fettarmer Kefir,
Süßstoff

Grapefruit auspressen und Saft mit Kefir verquirlen. Drink süßen.

5.9 g Eiweiß, 2.3 g Fett, 11.1 g Kohlenhydrate (0.9 BE), 93 kcal (389 kJ)

ABENDESSEN:
SPIEGELEI UND TOAST,
ROTE BEETE-SALAT

1 Ei (Gew.Kl.4)
1 TL Butter (5 g)
200 g Rote Beete (aus dem Glas)
$^{1}/_{2}$ kleine Zwiebel (10 g)
1 Stückchen Lauch (50 g)
$^{1}/_{2}$ TL Meerrettich aus dem Glas
Pfeffer, Meersalz, Zitronensaft
1 Scheibe (30 g) Vollkorntoastbrot

Butter in einer beschichteten Pfanne erhitzen und ein Spiegelei darin braten. Rote-Beete-Salat mit dem in sehr feine Streifen geschnittenem Lauch mischen, gehackte Zwiebel untermengen und Salat mit Meerrettich, Zitronensaft, Pfeffer und Salz anmachen. Dazu Toast.

12.8 g Eiweiß, 11.6 g Fett, 37.0 g Kohlenhydrate (3.1 BE), 6.3 g Ballaststoffe, 301 kcal (1259 kJ)

Insgesamt: 55.3 g Eiweiß, 37.5 g Fett, 149.4 g Kohlenhydrate (12.5 BE), 27.6 g Ballaststoffe, 1179 kcal (4933

6. Tag

FRÜHSTÜCK:

VOLLKORNBRÖTCHEN, PIKANT UND SÜß

1 Roggenvollkornbrötchen (50 g)
1 TL (5 g) Halbfettmargarine
50 g Harzer Käse
1 EL (25 g) körniger Frischkäse
1 TL (10 g) Konfitüre
1 Glas (0.25 l) Tomatensaft

Brötchen halbieren, auf eine Hälfte die Halbfettmargarine streichen und den in Scheiben geschnittenen Harzer Käse legen. Die andere Hälfte mit Frischkäse und Konfitüre bestreichen. Dazu Tomatensaft servieren.

25.0 g Eiweiß, 4.4 g Fett, 35.0 Kohlenhydrate (2.9 BE), 3.8 g Ballaststoffe, 277 kcal (1159 kJ)

ZWISCHENDURCH:

1 Banane (150 g geschält)

1.7 g Eiweiß, 0.3 g Fett, 28.2 g Kohlenhydrate (2.8 BE), 4.5 g Ballaststoffe, 122 kcal (510 kJ)

MITTAGESSEN:

PFANNENGEMÜSE, ÜBERBACKEN

2 Möhren (100 g)
1 Stück Lauch (50 g)
100 g Bohnen (frisch oder TK)
2 Kartoffeln (150 g)
Pfeffer, Meersalz, Thymian, Majoran
1 TL (5 g) Butter
5 EL (50 g) fettarme Milch
2 EL (30 g) geriebener Gouda, 45% F.i.Tr.

Gemüse putzen, Kartoffeln schälen. Möhre in dünne Scheiben, Lauch in feine Ringe schneiden, Bohnen halbieren, Kartoffel in dünne Scheiben schneiden. Gemüse in kochendem Salzwasser 5 Minuten kochen, abgießen und abtropfen lassen. Butter in einer kleinen Pfanne erhitzen, Gemüse hineingeben und mit Salz, Pfeffer und den Kräutern mischen. Rundherum andünsten, dann Käse und Milch verquirlen und über das Gemüse geben. Deckel auflegen und weiterdünsten, bis der Käse schmilzt oder offen unter dem Grill überbacken.

17.7 g Eiweiß, 14.7 g Fett, 40.2 g Kohlenhydrate (3.4 BE), 12.2 g Ballaststoffe, 364 kcal (1523 kJ)

ZWISCHENDURCH:

1 Becher (200 g)
Leichtkost-Milchreis „natur"

8.0 g Eiweiß, 1.8 g Fett, 23.4 g Kohlenhydrate (2.0 BE), 1.0 g Ballaststoffe, 140 kcal (293 kJ)

ABENDESSEN:

SELLERIESALAT MIT FRÜCHTEN

1 Apfel (150 g)
200 g Sellerieknolle (geputzt)
2 EL (30 g) Weizenkeime
50 g Mandarinenspalten (Dose)
2 EL (50 g) Sahne-Dickmilch
2 EL (20 g) Zitronensaft
Meersalz, Pfeffer, Süßstoff

Geputzten Sellerie und Apfel in Stifte schneiden oder grob raffeln. Mit Zitronensaft mischen. Weizenkeime und Mandarinen untermischen. Salat mit Sahne-Dickmilch, Salz, Pfeffer und Süßstoff anmachen.

14.4 g Eiweiß, 9.5 g Fett, 46.4 g Kohlenhydrate (3.9 BE), 18.4 g Ballaststoffe, 309 kcal (1293 kJ)

Insgesamt: 66.8 g Eiweiß, 30.7 g Fett, 172.4 g Kohlenhydrate (14.4 BE), 39.9 g Ballaststoffe, 1212 kcal (5071 kJ)

7. Tag

FRÜHSTÜCK:
VOLLKORNBROT MIT BANANE, GRAPEFRUITSAFT

1 Scheibe (45 g) Roggenvollkornbrot
2 EL (50 g) Magerquark
$^1/_2$ Banane (75 g)
1 TL (10 g) Honig
1 EL (15 g) Weizenkeime
Saft 1 Grapefruit (100 ml)

Brot mit Quark bestreichen, darauf die in Scheiben geschnittene Banane legen und mit Honig beträufeln. Weizenkeime daraufstreuen. Dazu Grapefruitsaft trinken.

15.8 g Eiweiß, 2.5 g Fett, 58.5 g Kohlenhydrate (4.9 BE), 7.7 g Ballaststoffe, 300 kcal (1255 kJ)

ZWISCHENDURCH:
BANANEN-MANDARINEN-DRINK

$^1/_2$ Banane (75 g)
25 g Mandarinenspalten (Dose)
100 g Reine Buttermilch
1 TL (5 g) Zitronensaft, Süßstoff

Banane kleinschneiden, mit den Mandarinenspalten im Mixer pürieren. Buttermilch untermischen und Drink mit Zitronensaft und Süßstoff abschmecken. Mit Orangenspalten garnieren.

5.0 g Eiweiß, 1.0 g Fett, 28.3 g Kohlenhydrate (2.4 BE), 3.7 g Ballaststoffe, 128 kcal (556 kJ)

MITTAGESSEN:

MÖHRENCREMESUPPE MIT CROÛTONS, JOGHURTDESSERT

gut 1/4 Liter Gemüsebrühe
200 g Möhren
Meersalz, Pfeffer, Tabasco
1/2 Becher (Gesamtinhalt 175 g) Sahne-Dickmilch
1 Scheibe (30 g) Vollkorntoastbrot
2 EL gewiegte Petersilie (10 g)
1 Becher(200 g) extraleichter Kirschjoghurt

Möhren putzen und in grobe Scheiben schneiden, in der Brühe sehr weich kochen. Im Topf zermusen bzw. pürieren, mit Salz und den Gewürzen abschmecken. Aufkochen lassen,kurz vor dem Servieren die Sahne-Dickmilch und die Petersilie unterrühren. Toastbrot rösten, in Würfelchen schneiden und Suppe damit bestreuen. Als Dessert gibt es Fruchtjoghurt.

17.4 g Eiweiß, 11.4 g Fett, 49.5 g Kohlenhydrate (4.1 BE), 9.8 g Ballaststoffe, 366 kcal (1531 kJ)

ZWISCHENDURCH:

1 APFEL (150 G)

0.3 g Eiweiß, 0.9 g Fett,16.4 g Kohlenhydrate, (1.4 BE), 4.5 g Ballaststoffe, 75 kcal (314 kJ)

ABENDESSEN:

BUNTER SALATTELLER

150 g Tomaten
200 g Gurke
100 g grüne Bohnen (frisch oder TK)
150 g Sellerie (geputzt)
1 Bund (80 g) Radieschen
20 g Linsensprossen (= 7 g Linsen)
5 EL (50 g) Reine Buttermilch
2 EL (20 g) Zitronensaft
1 TL (5 g) Meerrettich aus dem Glas
Meersalz, Pfeffer, Süßstoff, Schnittlauchröllchen
1 Scheibe (45 g) Roggenvollkornbrot
1 TL (5 g) Halbfettmargarine

Tomaten achteln, Gurke fein hobeln, Bohnen in kochendem Salzwasser garen, dann abtropfen lassen, geputzten Sellerie grob raffeln, Radieschen in Scheiben schneiden. Das Gemüse auf einem großen Teller hübsch anordnen, mit Linsensprossen bestreuen. Aus Buttermilch, Zitronensaft und den Würzzutaten ein Dressing bereiten und über die Salate verteilen. Dazu ein mit Halbfett bestrichenenes Brot servieren.

13.4 g Eiweiß, 4.8 g Fett, 46.2 g Kohlenhydrate (3.9 BE), 18.2 g Ballaststoffe, 292 kcal (1222 kJ)

Insgesamt: 51.9 g Eiweiß, 20.6 g Fett, 198.9 g Kohlenhydrate (16.6 BE), 43.9 g Ballaststoffe, 1161 kcal (4858 kJ)

DIE KARTOFFEL-DIÄT

Dauer: 7 Tage
Energie: durchschnittlich 1200 kcal
Mahlzeiten: 5 pro Tag, reich an biologisch hochwertigem Eiweiß, kohlenhydrat- und ballaststoffreich, gut sättigend.
Alle Rezepte für 1 Person

1. Tag

FRÜHSTÜCK:

BUTTERMILCHQUARK MIT FRÜCHTEN

100 g Reine Buttermilch
100 g Magerquark
150 g gemischte Früchte (z.B. Ananas, Erdbeeren, Pfirsich etc.)
3 EL Cornflakes (10 g)
Süßstoff
1 Scheibe (10 g) Knäckebrot
1 TL (5 g) Halbfettmargarine
1 kleine Tomate (50 g)
Pfeffer

Quark mit Buttermilch verrühren und das zerkleinerte Obst untermischen. Mit Süßstoff abschmecken und mit Cornflakes bestreuen. Knäcke mit Halbfett bestreichen und mit der in Scheiben geschnittenen Tomate belegen. Mit Pfeffer würzen.

20.7 g Eiweiß, 3.6 g Fett, 41.5 g Kohlenhydrate (3.5 BE), 288 kcal (1205 kJ)

ZWISCHENDURCH:

TOMATEN-BUTTERMILCH-DRINK

100 g Reine Buttermilch
125 g Tomatenpüree aus der Packung
1 TL (5 g) geriebener Meerrettich
1 EL (10 g) Zitronensaft
schwarzer Pfeffer, eine Prise Salz

Zutaten verquirlen, Drink würzen.

5.2 g Eiweiß, 1.2 g Fett, 9.4 g Kohlenhydrate (0.8 BE) 77 kcal (322 kJ)

MITTAGESSEN:

KARTOFFEL-LAUCH-SUPPE, FRUCHTSALAT

1 Stück Lauch (100 g geputzt)
150 mehlige Kartoffeln
gut 1/4 Liter (300 ml) Brühe
1 Schuß Milch (50 ml)
Pfeffer, Salz, Muskat
1 EL (25 g) Sahne-Dickmilch
frische Petersilie
50 g Ananasstücke aus der Dose
1 Kiwi (70 g)
1 großer Apfel (150 g)
1 EL (10 g) Zitronensaft
Süßstoff

Lauch putzen und kleinschneiden. Kartoffeln schälen und in Würfel schneiden. Brühe zum Kochen bringen, Lauch und Kartoffeln zugeben und bei schwacher Hitze sehr weich kochen. Suppe durchpassieren, Milch zufügen und aufkochen. Mit den Gewürzen abschmecken und mit Petersilie bestreuen. Kiwi schälen und kleinschneiden. Apfel waschen, entkernen, kleinschneiden und mit Ananas- und Kiwistücken mischen. Mit Zitronensaft und Süßstoff abrunden.

10.8 g Eiweiß, 7.2 g Fett, 66.5 g Kohlenhydrate (5.5 BE), 376 kcal (1573 kJ)

ZWISCHENDURCH:

KRÄUTERBROT

1 Scheibe Roggenvollkornbrot (45 g)
1 EL (25 g) Magerquark
1 TL (5 g) geriebener Meerrettich
2 EL frische Kräuter (Schnittlauch, Petersilie, Kresse o.ä.)

Brot mit Quark bestreichen, darauf den Meerrettich verteilen. Mit gehackten Kräutern bestreuen.

6.9 g Eiweiß, 1.0 g Fett, 19.9 g Kohlenhydrate (1.7 BE) 115 kcal (481 kJ)

ABENDESSEN:

RÖSTI MIT TOMATENSALAT

700 g festkochende Kartoffeln (250 g für das heutige Abendessen, Rest für morgen)
1/2 kleine Zwiebel, gehackt (10 g)
1 EL (10 g) Öl
Pfeffer, Muskat, Salz
200 g Tomaten
1 EL (10 g) Zitronensaft
1 EL Schnittlauchröllchen
2 EL (20 g) Reine Buttermilch

Kartoffeln waschen und garen. Nach der halben Garzeit 250 g Kartoffeln herausnehmen und die übrigen ganz gar kochen. Die halbgaren Kartoffeln pellen und abkühlen lassen. Dann grob raffeln. Eine beschichtete Pfanne erhitzen und das Öl hineingeben. Die Hälfte der Zwiebelwürfel kurz andünsten, dann die Kartoffelraspel in der Pfanne verteilen. Bei mäßiger Hitze anbraten. Wenn die Unterseite knusprig ist, das Ganze wie einen Pfannkuchen wenden und weiter braten. Tomaten in Scheiben schneiden, mit restlichen Zwiebelwürfeln mischen und mit Zitronensaft, Buttermilch und Gewürzen anmachen.

7.9 g Eiweiß, 10.7 g Fett, 46.6 g Kohlenhydrate (3.9 BE), 318 kcal (1331 kJ)

Insgesamt: 51.1 g Eiweiß, 23.8 g Fett, 187.7 g Kohlenhydrate (15.6 BE), 1186 kcal (4962 kJ)

Für morgen: Die fertiggegarten Pellkartoffeln abgießen, pellen und für den nächsten Tag aufheben.

2. Tag

FRÜHSTÜCK:

KÄSEBROT, BUTTERMILCHDRINK

1 Scheibe (45 g) Roggenvollkornbrot
1 TL Halbfettmargarine (5 g)
1-2 Scheiben (30 g) Edamer, 30% F.i.Tr.
1 kleine Tomate (50 g)
Pfeffer oder Paprika
150 g Reine Buttermilch
50 ml Grapefruitsaft, frischgepreßt
2 EL (50 g) Ananasstücke aus der Dose
Süßstoff

Brot mit Halbfett bestreichen und mit Käse belegen. Mit Tomatenscheiben garnieren und würzen. Buttermilch, Grapefruitsaft und Ananasstücke durchmixen, mit Süßstoff abschmecken.

17.9 g Eiweiß, 8.8 g Fett, 42.3 g Kohlenhydrate (3.5 BE), 328 kcal (1372 kJ)

ZWISCHENDURCH:

KARTOFFEL-SUPPENDRINK

1 Beutel Kartoffelsuppe (Fertigprodukt, für 1 Tasse)
1 EL (25 g) Sahne-Dickmilch
1 Scheibe (10 g) Knäckebrot

Suppendrink nach Anweisung zubereiten, mit Sahne-Dickmilch verfeinern. Dazu Knäckebrot essen.

3.9 g Eiweiß, 4.7 g Fett, 14.7 g Kohlenhydrate (1.2 BE), 112 kcal (469 kJ)

MITTAGESSEN:

LEICHTER KARTOFFELSALAT MIT EI

250 g gekochte, gepellte Kartoffeln (vom Vorabend!)
½ kleine Zwiebel (10 g)
1 kleiner Apfel (100 g)
2 Gewürzgurken (50 g)
2 EL (20 g) Zitronensaft
2 EL (20 g) Reine Buttermilch
1 EL (25 g) Sahne-Dickmilch
1 TL (5 g) Senf
Pfeffer, Salz, Süßstoff
1 hartgekochtes Ei (Gew. Kl. 4)
Schnittlauchröllchen

Die Kartoffeln in dünne Scheiben schneiden, Zwiebel fein hacken und Apfel würfeln, Gurken in Stifte schneiden und alles locker mischen. Zitronensaft, Buttermilch, Sahne-Dickmilch und Senf glattrühren, würzen und über den Salat geben. Mischen und 10 Minuten durchziehen lassen. Ei pellen und vierteln, Salat damit garnieren und mit Schnittlauch bestreuen.

14.7 g Eiweiß, 9.9 g Fett, 53.9 g Kohlenhydrate (4.5 BE), 371 kcal (1552 kJ)

ZWISCHENDURCH:

KRÄUTERBUTTERMILCH

200 g Reine Buttermilch
1 EL (10 g) Zitronensaft
1 TL (5 g) geriebener Meerrettich
2 EL feingewiegte frische Kräuter (Kresse, Schnittlauch, Kerbel, Dill, Petersilie etc.)
Pfeffer, falls nötig Salz

Buttermilch mit den übrigen Zutaten gut verquirlen, pikant abschmecken.

7.6 g Eiweiß, 1.7 g Fett, 9.4 g Kohlenhydrate 0.8 BE), 97 kcal (406 kJ)

ABENDESSEN:

KÄSEKARTOFFELN, ÜBERBACKEN

200 g gekochte und gepellte Kartoffeln (Rest vom Vorabend)
2 Scheiben (30 g) Edamer, 30% F.i.Tr.
150 g Broccoli (frisch oder TK)
2 EL (20 g) Milch
1 EL (25 g) Sahne-Dickmilch
1 EL Reibekäse (10 g)
Pfeffer, Salz, Muskat

Die Kartoffeln in dünne Scheiben schneiden. Den Edamer in feine Streifen schneiden. Broccoli in kochendes Salzwasser geben und 5 Minuten kochen. Abgießen und in mundgerechte Stücke schneiden. In eine hitzefeste Form Kartoffelscheiben und Broccolistücke schichten, den Edamer dazwischen streuen und das Ganze würzen. Milch mit Sahne-Dickmilch und Reibekäse verquirlen und darüber gießen.Im vorgeheizten Backofen bei 200°C etwa 10 Minuten backen.

21.7 g Eiweiß, 11.6 g Fett, 35.9 g Kohlenhydrate (3.0 BE), 334 kcal (1397 kJ)

Insgesamt: 65.8 g Eiweiß, 36.7 g Fett, 155.9 g Kohlenhydrate (13.0 BE), 1242 kcal (5197 kJ)

3. Tag

FRÜHSTÜCK:

KNÄCKEBROT MIT KÄSE UND HONIG, MILCHREIS

2 Scheiben (20 g) Knäckebrot
1 TL Halbfettmargarine (5 g)
1 EL (25 g) Magerquark
1 Scheibe (15 g) Edamer, 30% F.i.T.
1 TL (10 g) Honig
1 Becher (200 g) Leichtkost-Milchreis „Pflaume"

Eine Scheibe Knäcke mit Halbfett bestreichen und den Käse darauf legen. Die andere Scheibe mit Quark bestreichen und den Honig darauf verteilen. Dazu den Milchreis servieren.

16.1 g Eiweiß, 6.3 g Fett, 47.9 g Kohlenhydrate (4.0 BE), 311 kcal (1301 k)

ZWISCHENDURCH:

APFEL-DRINK

1 kleiner Apfel (100 g)
150 g Reine Buttermilch
1 EL (10 g) Zitronensaft
Süßstoff

Apfel vierteln und reiben. Mit Buttermilch, Zitronensaft und Süßstoff verquirlen.

5.8 g Eiweiß, 1.7 g Fett, 18.0 g Kohlenhydrate (1.5 BE), 119 kcal (498 kJ)

MITTAGESSEN:

KARTOFFELPÜREE MIT CHAMPIGNON-SAUCE UND SALAT

250 g mehligkochende Kartoffeln
100 ml Milch
1 TL Halbfettmargarine (5 g)
Salz, Pfeffer, Muskat
100 g frische Champignons
$^{1}/_{2}$ Päckchen Bratensauce (Fertigprodukt, für 125 ml Sauce)
50 g Blattsalat (Kopfsalat, Feldsalat, Frisée etc.)
2 EL (20 g) Zitronensaft
2 EL (20 g) Reine Buttermilch
1 TL (5 g) geriebener Meerrettich
Süßstoff

Kartoffeln schälen, je nach Größe halbieren oder vierteln, und in Salzwasser sehr weich kochen. Bratensauce nach Packungsanweisung zubereiten, die geputzten und halbierten Pilze darin kurz mitkochen. Salat waschen und putzen, mit einem Dressing aus Zitronensaft, Buttermilch und den Würzzutaten anmachen. Die gegarten Kartoffeln abgießen, Milch (im Mikrowellenherd) erhitzen und über die Kartoffeln gießen, Halbfett, Salz, Pfeffer und Muskat dazu geben und das Ganze mit dem Handrührgerät verquirlen. Püree mit Sauce und Salat servieren.

14.9 g Eiweiß, 8.9 g Fett, 50.8 g Kohlenhydrate (4.2 BE), 354 kcal (1481 kJ)

ZWISCHENDURCH:

ANANAS-BUTTERMILCH

100 g Ananasstücke aus der Dose
100 g Reine Buttermilch
2 EL (20 g) Zitronensaft
Süßstoff

Alle Zutaten in den Mixer geben und gut pürieren. Drink abschmecken und servieren.

4.2 g Eiweiß, 0.9 g Fett, 28.8 g Kohlenhydrate (2.4 BE), 147 kcal (615 kJ)

ABENDESSEN:
PELLKARTOFFELN MIT BUTTERMILCHQUARK

250 g festkochende Kartoffeln
150 g Magerquark
50 g Reine Buttermilch
1 TL (5 g) geriebener Meerrettich
1 EL (10 g) Zitronensaft
Pfeffer, Salz
reichlich frische, feingewiegte Kräuter (Kresse, Schnittlauch, Dill, Petersilie, Kerbel etc.)

Kartoffeln waschen und garen. Quark mit Buttermilch, Zitronensaft und Meerrettich aufschlagen, würzen und die Kräuter untermischen. Den Buttermilchquark zu den heißen Pellkartoffeln servieren.

27.2 g Eiweiß, 1.3 g Fett, 47.8 g Kohlenhydrate (4.0 BE), 318 kcal (1331 kJ)

Insgesamt: 68.2 g Eiweiß, 19.1 g Fett, 193. 3 g Kohlenhydrate (16.1 BE), 1249 kcal (5226 kJ)

4. Tag

FRÜHSTÜCK:
PIKANTE BROTE

2 Scheiben (à 45 g) Roggenvollkornbrot
2 TL (à 5 g) Halbfettmargarine
2 Scheiben Bierschinken (30 g)
1 Gewürzgurke (20 g)
1 kleine Tomate (50 g)

Brot mit Halbfett bestreichen, Bierschinken darauflegen und die Brote mit Gurken- und Tomatenscheiben garnieren.

12.2 g Eiweiß, 11.2 g Fett, 39.0 g Kohlenhydrate (3.3 BE), 303 kcal (1270 kJ)

ZWISCHENDURCH:
TOMATEN-KEFIR-DRINK

200 g fettarmer Kefir
0.1 l Tomatensaft
schwarzer Pfeffer, Salz

Die Zutaten verquirlen, Drink abschmecken.

8.2 g Eiweiß, 3.1 g Fett, 12.2 g Kohlenhydrate (1.0 BE), 115 kcal (482 kJ)

MITTAGESSEN:
NEUE KARTOFFELN MIT QUARKDIP

6 mittelgroße Kartoffeln (400 g, 200 g für mittags und 200 g für abends!)
100 g Magerquark
4 EL (40 g) fettarmer Kefir
1 Zwiebel (40 g)
1 TL grüne Pfefferkörner
1 TL Schnittlauchröllchen
1 EL (10 g) Zitronensaft
Pfeffer, Salz

Kartoffeln waschen und garen. Quark mit 2 EL Kefir glattrühren. Zwiebel abziehen und fein hacken, die Hälfte der Zwiebelwürfel, den grünen Pfeffer und den Schnittlauch unter den Quark mischen, Dip würzen. Tomaten in Scheiben schneiden, die restlichen Zwiebelwürfel untermischen und den Salat mit 2 EL Kefir, dem Zitronensaft, Pfeffer und Salz anmachen. 200 g Pellkartoffeln aufbrechen, mit Dip und Salat servieren. Restliche Kartoffeln pellen und für abends aufheben.

21.5 g Eiweiß, 1.5 g Fett, 45.3 g Kohlenhydrate (3.8 BE), 279 kcal (1167 kJ)

ZWISCHENDURCH:
RINDFLEISCHBRÜHE MIT EI

1 Tasse (0.15 l) Rindfleischsuppe (Instant)
1 Ei (Gew. Kl. 4)
evtl. gehackte Petersilie

6.7 g Eiweiß, 7.7 g Fett, 3.3 g Kohlenhydrate (0.3 BE), 114 kcal (477 kJ)

ABENDESSEN:
KARTOFFEL-SPINAT-AUFLAUF

200 g gekochte, gepellte Kartoffeln (vom Mittag)
1 TL (5 g) Öl
Pfeffer, Muskat, Salz
150 g Blattspinat
1 Scheibe gekochter Schinken (30 g ohne Fettrand)
1 Ei (Gew. Kl. 4)
2 EL (20 g) fettarmer Kefir

Kartoffeln in Scheiben schneiden. Eine hitzefeste Form mit Öl ausstreichen, Kartoffelscheiben hineinlegen. Spinat waschen, in kochendem Salzwasser kurz ziehen lassen, herausnehmen und abtropfen lassen. Auf die Kartoffelscheiben geben und würzen. Den Schinken in Streifen schneiden und darüber verteilen. Ei mit Kefir verquirlen, würzen und darübergießen. Im vorgeheizten Backofen bei 200°C 15 Minuten überbacken.

20.7 g Eiweiß, 15.8 g Fett, 32.8 g Kohlenhydrate (2.7 BE), 355 kcal (1485 kJ)

Insgesamt: 69.5 g Eiweiß, 39.3 g Fett, 132.6 g Kohlenhydrate (11.1 BE), 1166 kcal (4879 kJ)

5. Tag

FRÜHSTÜCK:
KRÄUTER-RÜHREI

2 Eier (Gew.Kl. 4)
2 EL (10 g) gemischte frische Kräuter, gewiegt
1 TL (5 g) Öl
Salz
1 Scheibe (20-30 g) Toastbrot

Eier mit den gewiegten Kräutern und etwas Salz verquirlen und in heißem Öl in einer beschichteten Pfanne ein Rührei zubereiten. Das Rührei mit frisch geröstetem Toast servieren.

15.3 g Eiweiß, 18.4 g Fett, 10.4 g Kohlenhydrate (0.9 BE), 269 kcal (1126 kJ)

ZWISCHENDURCH:
MÜSLI-JOGHURT

1 Becher (200 g) extraleichter Fruchtjoghurt „Vanille“
6-7 EL (20 g) Cornflakes

Joghurt glattrühren und über die Cornflakes geben.

11.6 g Eiweiß, 0.3 g Fett, 30.9 g Kohlenhydrate (2.6 BE), 165 kcal (690 kJ)

MITTAGESSEN:

FISCHFILET IM GEMÜSEBETT

150 g Rotbarschfilet
Zitronensaft, Salz
100 g Möhren
150 g Kohlrabi
1 EL (5 g) gewiegte Petersilie
2 Kartoffeln (150 g)
2 EL (30 g) fettarmer Kefir
Pfeffer, Muskat

Fischfilet abspülen, mit Zitronensaft beträufeln und salzen. Möhren und Kohlrabi schälen und in feine Stifte schneiden. In wenig Wasser gardünsten, gehackte Petersilie untermischen. Die Hälfte der Gemüsemischung auf ein Stück Alufolie geben, das Fischfilet daraufgeben und leicht pfeffern. Das restliche Gemüse darüber verteilen und die Folie locker schließen. Im vorgeheizten Backofen bei 200°C etwa 15 Minuten garen. Inzwischen die Kartoffeln schälen und garen. Mit dem Kefir zu Püree verarbeiten und mit Salz, Pfeffer und Muskat würzen. Zum Fisch servieren.

35.5 g Eiweiß, 6.2 g Fett, 34.0 g Kohlenhydrate (2.8 BE), 349 kcal) 1460 kJ)

ZWISCHENDURCH:

1 GROSSE BANANE (150 g)

1.7 g Eiweiß, 0.3 g Fett, 28.2 g Kohlenhydrate (2.4 BE), 122 kcal (510 kJ)

ABENDESSEN:

MIXED PICKLES-SALAT

200 g gekochte Kartoffeln
1 kleines Glas Mixed Pickles (300 g Abtropfgewicht)
100 g Endiviensalat
2 Scheiben Bierschinken (30 g)
1 kleine Tomate (50 g)
2 EL Essigwasser von den Mixed Pickles
3 EL (30 g) fettarmer Kefir
Pfeffer, Salz

Kartoffeln pellen und würfeln. Mixed Pickles kleinschneiden, den Endiviensalat nudelig schneiden und waschen, Tomate in Scheiben schneiden. Diese Zutaten mischen, den Bierschinken in Streifen schneiden und unterheben. Aus den übrigen Zutaten ein Dressing bereiten und untermengen.

15.7 g Eiweiß, 6.6 g Fett, 49.0 g Kohlenhydrate (4.1 BE), 313 kcal (1303 kJ)

Insgesamt: 77.7 g Eiweiß, 31.8 g Fett, 152.5 g Kohlenhydrate (12.7 BE), 1218 kcal (5096 kJ)

6. Tag

FRÜHSTÜCK:

FITNESS-MÜSLI

1 Becher (200 g) Leichtkost-Milchreis „natur"
200 g frisches Obst nach Wahl (z.B. Trauben, Banane, Pfirsich)
3-4 EL (12 g) Cornflakes

Das Obst waschen, je nach Sorte schälen, entsteinen oder putzen, kleinschneiden und unter den Milchreis mischen. Cornflakes darüberstreuen.

10.4 g Eiweiß, 2.1 g Fett, 64.0 g Kohlenhydrate (5.3 BE), 307 kcal (1285 kJ)

ZWISCHENDURCH:

VITAMIN-DRINK

1 Glas (0.2 l) Multivitamin-Buttermilch
gut 1 TL (5 g) Weizenkleie

Weizenkleie unter die Buttermilch rühren.

6.2 g Eiweiß, 1.6 g Fett, 25.5 g Kohlenhydrate (2.1 BE), 149 kcal (623 kJ)

MITTAGESSEN:

MATJES IN DILLSTIPPE

62.5 g Kräuter-Matjes nordische Art (Fertigprodukt)
300 g Kartoffeln (davon 150 g für abends)
½ Becher (= 100 g) Dickmilch, 3.5% Fett
1-2 EL (5 g) feingewiegter Dill
1 TL (5 g) Zitronensaft

100 g Rote Beete (aus dem Glas)
Pfeffer, Salz

Kartoffeln schälen, halbieren und in Salzwasser garen. Abgießen und die Hälfte für abends aufheben. Matjesfilets in 2 cm, breite Stücke schneiden. Dickmilch mit Dill, Zitronensaft, Pfeffer und Salz verrühren und die Matjesstücke untermischen. Mit Kartoffeln und Roten Beeten servieren.

14.3 g Eiweiß, 12.4 g Fett, 40.6 g Kohlenhydrate (3.4 BE), 334 kcal (1397 kJ)

ZWISCHENDURCH:

KRÄUTER-BUTTERMILCH

200 g Reine Buttermilch, gut gekühlt
Pfeffer, Salz
2 EL feingewiegter Dill

Zutaten gut verquirlen und Drink abschmecken.

7.4 g Eiweiß, 1.4 g Fett, 8.4 g Kohlenhydrate (0.7 BE), 86 kcal (360 kJ)

ABENDESSEN:

KARTOFFEL-MATJES-SALAT „FRIESLAND“

62.5 g Kräuter-Matjes nordische Art
150 g gekochte Kartoffeln (vom Mittag)
2 Gewürzgurken (40 g)
1 kleine Zwiebel (20 g)
1 kleine Tomate (50 g)
1 EL eingelegte grüne Pfefferkörner
½ Becher (= 100 g) Dickmilch, 3,5% Fett
1 EL feingewiegter Dill
Zitronensaft, Pfeffer, Salz

Die Kartoffeln würfeln, Matjes in feine Streifen schneiden, Gurke stifteln und Zwiebel fein hacken. Diese Zutaten mischen, dann die Pfefferkörner, Würzzutaten und Dill unter die Dickmilch rühren und die Sauce unter den Salat heben. Kurz durchziehen lassen.

14.1 g Eiweiß, 12.5 g Fett, 39.0 g Kohlenhydrate (3.3 BE), 325 kcal (1360 kJ)

Insgesamt: 52.4 g Eiweiß, 30.0 g Fett, 177.5 g Kohlenhydrate (14.8 BE), 1201 kcal (5025 kJ)

7. Tag

FRÜHSTÜCK:
BROT MIT KRÄUTERQUARK

1 Scheibe (45 g) Roggenvoll-kornbrot
2 EL (50 g) Magerquark
2 EL (20 g) Reine Buttermilch
2 EL (10 g) Schnittlauchröllchen
1 Gewürzgurke (20 g)
½ kleine Zwiebel (10 g)
Pfeffer, Salz
1 Glas (200 ml) Blutorangen-Drink

Quark mit Buttermilch glattrühren, Schnittlauch, feingehackte Zwiebel und Gurke untermischen und würzen. Auf das Brot streichen. Dazu den Drink servieren.

17.1 g Eiweiß, 1.4 g Fett, 47.9 g Kohlenhydrate (4.0 BE), 281 kcal (1176 kJ)

ZWISCHENDURCH:
KNÄCKEBROT

1 Scheibe (10 g) Roggenknäckebrot
1 TL (5 g) Halbfettmargarine
2 Scheiben (30 g) Bierschinken
1 Gewürzgurke (20 g)

Knäckebrot mit Halbfett bestreichen, Wurst und Gurkenscheiben darauflegen.

5.9 g Eiweiß, 8.0 g Fett, 7.4 g Kohlenhydrate (0.6 BE), 123 kcal (515 kJ)

MITTAGESSEN:
KARTOFFELPFANNE

150 g Kartoffeln
1 Wiener Würstchen (50 g)
1 TL (5 g) Öl

1 kleine Zwiebel (20 g)
200 g Sauerkraut
1 kleiner Apfel (100 g)
Pfeffer, Kümmel, Salz

Kartoffeln schälen, fein würfeln und in Salzwasser garen, dann abtropfen lassen. Zwiebel fein hacken und im Öl in einer beschichteten Pfanne andünsten. Kartoffelwürfel und das in Scheiben geschnittene Würstchen zugeben. Anbraten und würzen, dann das Sauerkraut und den feingeraspelten Apfel unterheben. Einige Minuten dünsten, dann abschmecken.

14.2 g Eiweiß, 18.2 g Fett, 41.9 g Kohlenhydrate (3.5 BE), 379 kcal (1586 kJ)

ZWISCHENDURCH:

TOMATEN-DRINK

150 g Reine Buttermilch
100 ml Tomatensaft
2 EL frische Kräuter, gewiegt
schwarzer Pfeffer aus der Mühle

Die Zutaten gut verquirlen und Drink abschmecken.

6.4 g Eiweiß, 1.5 g Fett, 9.7 g Kohlenhydrate (0.8 BE), 82 kcal (343 kJ)

ABENDESSEN:

FOLIENKARTOFFEL MIT KRABBEN

2-3 Kartoffeln (200 g)
100 g Krabben (Shrimps) aus der Dose
½ Becher (= 87.5 g) Sahne-Dickmilch
1 EL (10 g) Zitronensaft
2 EL Dill, feingewiegt, Pfeffer

Kartoffeln waschen und abbürsten, in Alufolie einschlagen und 25 Minuten im vorgeheizten Backofen bei 200°C garen. Sahnedickmilch mit Zitronensaft, Dill und Pfeffer verrühren, Krabben unterheben und den Dip zu den heißen Kartoffeln servieren.

24.6 g Eiweiß, 11.2 g Fett, 35.5 g Kohlenhydrate (3.0 BE), 345 kcal (1445 kJ)

Insgesamt: 68.2 g Eiweiß, 40.3 g Fett, 142.4 g Kohlenhydrate (11.9 BE), 1210 kcal (5062 kJ)

PROMINENTE WEISHEITEN
SPRÜCHE UND GRABINSCHRIFTEN RUND UMS ESSEN

Ehemänner, die sich freiwillig an der Abmagerungskur ihrer Frau beteiligen, gehen mit ihr wirklich durch dick und dünn.

(Heinz Rühmann)

⁂

Ein Vielfraß setzte sich zu Tisch, man brachte ihm, wie er befahl, den schönsten Stör. Ein Riesenfisch! Für einen Mann ein tüchtig Mahl! Er fährt drauf los, er kaut und schmatzt; schon ist er fertig bis zum Kopf, da hält er ein: sein Magen platzt. Man rennt zu Hilf' dem armen Tropf, man macht Klistiere ohne End', umsonst! Dem Kranken wird nicht besser. Man mahnt ihn an sein Testament. „Geliebte Freunde", sprach der Fresser, „Ich bin gefaßt. Wohlan, es sei! Doch eilt und bringt, da es ja doch zu Ende geht, mir schleunigst noch den Rest von meinem Fisch herbei!"

(Jean de Lafontaine, 1621-1695)

⁂

Wenig, aber öfter essen, führt zur Heilung.

(Chinesisch)

⁂

Optimistisch ist eine Frau, die Fettpölsterchen für Kurven hält.

(Françoise Hardy)

Dieses (die Diät) treibt er vierzehn Tage; Darnach steigt er auf die Waage; Und da wird es freudig kund: Heißa, minus zwanzig Pfund! Wieder schwinden vierzehn Tage, wieder sitzt er auf der Waage. Autsch, nun ist ja offenbar Alles wieder, wie es war.

(Wilhelm Busch, 1832-1908)

⁂

Es gibt nur einen Weg, schlank zu bleiben: Essen Sie, soviel Sie wollen von allem, was Sie nicht mögen.

(Alec Guinness)

⁂

Leichte Speisen wählen die Weisen.

(Niederländisch)

⁂

Hier liegt verscharrt ein Ausbund aller Fresser: Er zeigte sich nicht tapfrer und nicht besser, als man ihn bei vollen Schüsseln sah. Ich glaub, er hätt, als ihm sein Ende kommen, auch selbst den Tod zu fressen vorgenommen. Allein er fand nur bloße Knochen da.

(Grabinschrift Michael Richen, 1678-1761)

⁂

Maßvoll zu sein beim Essen bringt sechsfachen Vorteil: man bleibt gesund, lebt lange, ist stets kräftig, fühlt sich wohl, hat prächtige Kinder und wird von den anderen nicht als Vielfraß geschmäht.

(Indisch)

Hier liegt ein dicker Wanst, fragt nicht, wer ihn begraben. Man dürfte keine Hack' und Gräber hierzu haben. Er fiel allhier, daß auch die Steine mit ihm sanken, und mag er dies sein Grab nur bloß sich selber danken.

(Grabinschrift Daniel Georg Morhof, 1629-1691)

⁂

Der Dicke wehrt sich gegen die Abwertung des Pfundes.

(Gerhard Uhlenbruck)

⁂

Aufgrund genauer Beobachtungen hat man festgestellt, daß eine saftige, delikate und sorgfältig ausgewählte Diät die äußeren Merkmale des Altwerdens für lange Zeit bannt. Gutes und richtiges Essen gibt dem Auge mehr Glanz, macht die Haut frischer und hält die Muskeln straff... Wer richtig zu essen weiß, sieht zehn Jahre jünger aus als seine Mitmenschen, die nichts von Ernährungswissenschaften verstehen.

(Jean Anthelme Brillat-Savarin, 1775-1826)

Kefir

DIÄTEN FÜR ALLE FÄLLE

Urlaub, Büro, Familie…

Die Bikini-Diät

Nur noch wenige Wochen, dann geht's endlich ab in die Ferien! So mancher träumt schon vorher von Sonne, Strand und Nichtstun. Doch viele plagt auch ein ungutes Gefühl, denn in Badeanzug und Bikini wird so manches Fettpölsterchen sichtbar. Ärgerlich, wenn der sündteure Badeanzug vom letzten Jahr nicht mehr paßt und die knappen Shorts aus den Nähten platzen !

Nur nicht die Urlaubsfreude trüben lassen, noch haben Sie ja Zeit, ein paar Pfund abzunehmen! Mit unserer Diät verlieren Sie in einer Woche etwa 3 Pfund, wer viel Sport dabei treibt, kann noch mehr abnehmen. Aber Vorsicht: Was man schnell abnimmt, hat man auch schnell wieder drauf! Deshalb auch im Urlaub mit Bedacht essen und leichte, kalorienarme Gerichte bevorzugen. Trinken Sie reichlich, möglichst kalorienarm natürlich, und vergessen Sie die Zwischenmahlzeiten nicht. Sie helfen gegen Heißhunger und halten Sie fit. Frisches Obst, Joghurt, Milchreis oder ein Buttermilchdrink ist schnell zur Hand, erfrischt und ist gesund.

Dauer: 7 Tage
Energie: ca. 1200 kcal pro Tag
Mahlzeiten: 5 pro Tag
alle Rezepte für 1 Person

1. Tag

FRÜHSTÜCK:
MILCHREIS-MÜSLI MIT BANANE

1 Becher (200 g) Leichtkost-Milchreis „natur"
1 kleine Banane (100 g geschält)
1 EL (10 g) Zitronensaft
1 TL (3 g) Weizenkleie
evtl. 1 TL (5 g) Weizensprossen
0.1 l Blutorangendrink

Banane in Scheiben schneiden, mit Zitronensaft, Kleie und den Sprossen unter den Milchreis mischen. Dazu den Drink servieren.

9.8 g Eiweiß, 2.0 g Fett, 57.3 g Kohlenhydrate (4.8 BE), 294 kcal (1230 kJ)

ZWISCHENDURCH:
GURKENKEFIR

1 Stück (150 g) Salatgurke
½ Bund Dill, feingewiegt
1 EL (10 g) Zitronensaft
200 g fettarmer Kefir
weißer Pfeffer, Salz

Das Gurkenstück schälen, würfeln und zusammen mit dem Dill, dem Zitronensaft und dem Kefir kräftig durchmixen. Mit Pfeffer und Salz abschmecken.

8.3 g Eiweiß, 3.3 g Fett, 13.0 g Kohlenhydrate (1.1 BE), 122 kcal (510 kJ)

MITTAGESSEN:
TOAST „HAWAII" UND SALAT

1 Scheibe Toastbrot (30 g)
1 TL 5 g) Halbfettmargarine
1 Scheibe (30 g) gekochter Schinken ohne Fettrand
1 kleine Scheibe Ananas aus der Dose (35 g)
1 Scheibe Schmelzkäse (20 g, 45% F.i.Tr.)
200 g Salatgurke
200 g Tomaten
50 g frische Champignons
2 EL (20 g) Zitronensaft
3 EL (30 g)fettarmer Kefir
Pfeffer, Salz, Süßstoff

Toastbrot mit Halbfett bestreichen und mit Schinken belegen. Die Ananasscheibe darauflegen und mit dem Käse abdecken. Unter dem Grill überbacken, bis der Käse schmilzt. Inzwischen die Gurke schälen, hobeln und mit den geachtelten Tomaten mischen. Pilze säubern, blättrigschneiden und locker untermischen. Salat mit einem Dressing aus Zitronensaft, Kefir und den Würzzutaten anmachen.

16.9 g Eiweiß, 13.4 g Fett, 35.8 g Kohlenhydrate (3.0 BE), 335 kcal (1402 kJ)

ZWISCHENDURCH:
RADIESCHENDRINK

½ Bund (50 g) Radieschen
½ kleine Zwiebel (10 g)
200 g fettarmer Kefir
1 EL (10 g) Zitronensaft
weißer Pfeffer, Salz
Schnittlauchröllchen zum Garnieren

Radieschen putzen, waschen und grob zerkleinern. Zwiebel schälen, fein hacken und zusammen mit den Radieschenstücken, dem Zitronensaft und dem Kefir in den Mixer geben. Kräftig durchmixen und Drink mit Pfeffer und Salz abschmecken. In ein Glas füllen und mit Schnittlauch bestreuen.

8.1 g Eiweiß, 3.1 g Fett, 11.3 g Kohlenhydrate (0.9 BE), 112 kcal (469 kJ)

ABENDESSEN:

KRESSERAHMSUPPE, BEERENDESSERT

1 TL Butter (5 g)
1 EL (15 g) Mehl
50 ml fettarme Milch
1 Kästchen Kresse (20 g)
gut ½ Liter Fleisch- oder Gemüsebrühe (aus Instantpulver oder Würfel)
½ Becher (Gesamtinhalt 175 g) Sahne-Dickmilch, 10% Fett
150 g Beeren (z.B. Erdbeeren, Himbeeren, Johannisbeeren)
Süßstoff

Butter in einem Topf zerlassen, das Mehl darüberstreuen und unter Rühren leicht anschwitzen. Mit kalter Milch ablöschen und das Ganze glattrühren. Kresse grob hacken, die Hälfte dazugeben. Unter Rühren die Brühe hinzugießen, bei schwacher Hitze 5 Minuten köcheln lassen. Restliche Kresse darüberstreuen und einen Klacks Sahne-Dickmilch unterziehen. Beeren waschen, verlesen und mit Süßstoff mischen. Mit der restlichen Sahne-Dickmilch anrichten.

11.2 g Eiweiß, 15.1 g Fett, 30.3 g Kohlenhydrate (2.5 BE), 308 kcal (1289 kJ)

Insgesamt: 54.3 g Eiweiß, 36.9 g Fett, 147.7 g Kohlenhydrate(12.3 BE), 1171 kcal (4899 kJ)

2. Tag

FRÜHSTÜCK:

KRÄUTERQUARKBROT, BLUTORANGENDRINK

200 g Speisequark, 20% F.i.Tr.
2 EL (20 g) Reine Buttermilch
1 EL (10 g) Zitronensaft
1 TL (5 g) geriebener Meerrettich (aus dem Glas)
je 2 EL feingewiegte Petersilie und Schnittlauch
weißer Pfeffer, Salz
1 Scheibe (45 g) Roggenvollkornbrot
einige Radieschen (20 g)
200 ml Blutorangendrink

Quark mit Buttermilch, Zitronensaft und den Würzzutaten verrühren und die Kräuter untermischen. Von der Menge 3 EL (75 g) abnehmen und auf dem Brot verteilen. Restlichen Kräuterquark noch für das Mittagessen aufheben. Die Radieschen waschen, in Scheiben schneiden und auf das Brot legen. Dazu den Drink servieren.

13.3 g Eiweiß, 4.6 g Fett, 47.1 g Kohlenhydrate (3.9 BE), 296 kcal (1238 kJ)

ZWISCHENDURCH:

APRIKOSEN-BUTTERMILCH

70 g frische Aprikosen, entsteint
1 EL (10 g) Zitronensaft
200 g Reine Buttermilch
Süßstoff

Aprikosen waschen, entsteinen und kleinschneiden. Mit Zitronensaft und Buttermilch in den Mixer geben und kräftig durchmixen. Drink abschmecken.

8.2 g Eiweiß, 1.6 g Fett, 16.4 g Kohlenhydrate (1.4 BE), 124 kcal (5189 kJ)

MITTAGESSEN:

PELLKARTOFFELN, KRÄUTERQUARK UND MÖHRENROHKOST

200 g Kartoffeln
125 g Kräuterquark
150 g Möhren
3 EL (30 g) Reine Buttermilch
1 EL (10 g) Zitronensaft, Pfeffer, Salz, Süßstoff

Kartoffeln garen. Möhren raspeln, mit Buttermilch, Zitronensaft und den Gewürzen anmachen. Kartoffeln pellen, mit Kräuterquark und Möhrenrohkost servieren.

23.0 g Eiweiß, 7.3 g Fett, 46.2 g Kohlenhydrate,347 kcal (1452 kJ)

ZWISCHENDURCH:

1 große Banane (150 g)

1.7 g Eiweiß, 0.3 g Fett, 28.2 g Kohlenhydrate (2.4 BE), 120 kcal (502 kJ)

ABENDESSEN:

TOMATENCREMESUPPE, RADIESCHENBROT

1 Päckchen Tomatencremesuppe (Fertigprodukt, für 2 Teller Suppe)
1 EL (25 g) Sahne-Dickmilch, 10% Fett
1 Scheibe (45 g) Roggenvollkornbrot
1 TL (5 g) Halbfettmargarine
1/2 Bund Radieschen (50 g)
Pfeffer, eventuell. Salz, Schnittlauchröllchen

Die Tomatencremesuppe nach Packungsvorschrift zubereiten, mit einem Klacks Sahne-Dickmilch servieren. Brot mit Halbfett bestreichen und mit in Scheiben geschnittenen Radieschen belegen. Mit Pfeffer und Salz würzen und mit Schnittlauch bestreuen.

9.9 g Eiweiß, 10.2 g Fett, 45.6 g Kohlenhydrate (3.8 BE), 325 kcal (1360 kJ)

Insgesamt: 56.1 g Eiweiß, 24.0 g Fett, 183.5 g Kohlenhydrate 15.3 BE), 1212 kcal (5071 kJ)

3. Tag

FRÜHSTÜCK:

APFEL-MÜSLI MIT BUTTERMILCH

1 mittelgroßer Apfel (150 g)
3 EL (30 g) Vollkornhaferflocken
5 EL (15 g) Cornflakes
1 TL (3 g) Weizenkleie
evtl. 1 TL Weizensprossen
1 EL (10 g) Zitronensaft
100 g Reine Buttermilch
Süßstoff

Apfel waschen und kleinschneiden, mit Haferflocken, Cornflakes, Kleie und Sprossen mischen. Buttermilch mit Zitronensaft und Süßstoff mischen und darübergießen.

10.2 g Eiweiß, 4.0 g Fett, 53.5 g Kohlenhydrate (4.5 BE), 295 kcal (1234 kJ)

ZWISCHENDURCH:

KIRSCHDRINK

75 g frische Süßkirschen, entsteint
1 EL (10 g) Zitronensaft
150 g Reine Buttermilch
Süßstoff

Die Kirschen, den Zitronensaft und die Buttermilch in den Mixer geben und kräftig durchmixen. Drink mit Süßstoff abschmecken und in ein Glas füllen.

6.4 g Eiweiß, 1.4 g Fett, 16.7 g Kohlenhydrate (1.4 BE), 114 kcal (477 kJ)

MITTAGESSEN:

ÜBERBACKENE FENCHEL-TOMATEN-PFANNE

1 Fenchelknolle (250 g)
1 mittelgroße Kartoffel (70 g)
250 g Tomaten
1 TL (5 g) Butter
1 EL (25 g) Sahne-Dichmilch, 10% Fett
2 EL (30 g) Gouda, gerieben
weißer Pfeffer, Knoblauchsalz, Kräuter der Provence

Fenchel putzen, waschen und längs in dünne Scheiben schneiden. Kartoffel schälen, ebenfalls in dünne Scheiben schneiden. Beides etwa 5 Minuten in kochendem Salzwasser garen, auf ein Sieb schütten und abtropfen lassen. Tomaten in Scheiben schneiden. Eine hitzefeste Form mit Butter ausstreichen, die Gemüsescheiben hineinschichten und mit den Gewürzen und Kräutern bestreuen. Sahne-Dickmilch zwischen die Kartoffelscheiben verteilen und das Ganze mit Gouda bestreuen. Im vorgeheizten Backofen bei 200°C überbacken, bis die Oberfläche leicht gebräunt ist.

18.5 g Eiweiß, 16.8 g Fett, 33.7 g Kohlenhydrate (2.8 BE), 362 kcal (1515 kJ)

ZWISCHENDURCH:

KRÄUTER-BUTTERMILCH

200 g Reine Buttermilch
1 EL (10 g) Zitronensaft
1 TL (5 g) geriebener Meerrettich
3 EL frische, feingewiegte Kräuter (Petersilie, Schnittlauch, Kerbel, Pimpinelle etc.)
weißer Pfeffer, wenig Salz

Alle Zutaten in den Mixer geben und kräftig durchmixen. Drink abschmecken und in ein Glas geben.

8.0 g Eiweiß, 1.7 g Fett, 10.5 g Kohlenhydrate (0.9 BE), 100 kcal (418 kJ)

ABENDESSEN:

PIKANTE GURKENKALTSCHALE

1 Stück Salatgurke (250 g)
150 g Tomaten
1 Kästchen Kresse
1 EL feingewiegter Dill
1 EL (10 g) Zitronensaft
½ Becher (= 250 g) fettarmer Kefir
Pfeffer, Salz, Knoblauch nach Geschmack
2 Scheiben (à 10 g) Sesamknäckebrot
2 TL (10 g) Halbfettmargarine

Gurkenstück schälen und würfeln. Tomaten achteln. Beides mit grobgehackter Kresse, Dill und den Würzzutaten mischen, evtl. mit Knoblauch abrunden. Den gutgekühlten Kefir dazugießen und zugedeckt etwas durchziehen lassen. Kaltschale mit Knäckebrot, bestrichen mit Halbfett, servieren.

14.0 g Eiweiß, 8.7 g Fett, 33.0 g Kohlenhydrate (2.9 BE), 277 kcal (1159 kJ)

Extra: 100 ml Blutorangendrink mit Mineralwasser mischen und mit 1-2 Eiswürfeln servieren.

12.4 g Kohlenhydrate (1.0 BE), 56 kcal (234 kJ)

Insgesamt: 57.1 g Eiweiß, 32.6 g Fett, 159.8 g Kohlenhydrate (13.3 BE), 1204 kcal (5038 kJ)

4. Tag

FRÜHSTÜCK:

KRESSEBROT MIT EI, BLUTORANGENMIX

1 Scheibe (45 g) Roggenvollkornbrot
1 TL (5 g) Halbfettmargarine
1 Kästchen Kresse (20 g)
1 hartgekochtes Ei (Gew. Kl. 4)
100 g Reine Buttermilch
100 ml Blutorangendrink
Süßstoff

Das Brot mit Halbfett bestreichen und mit der grobgehackten Kresse belegen. Das in Scheiben geschnittene Ei darauf verteilen. Buttermilch mit Blutorangendrink verquirlen und Drink mit Süßstoff abschmecken.

13.8 g Eiweiß, 9.5 g Fett, 35.4 g Kohlenhydrate (3.0 BE), 298 kcal (1247 kJ)

ZWISCHENDURCH:

ERDBEERKEFIR

100 g frische Erdbeeren
1 Spritzer Zitronensaft
175 g fettarmer Kefir
Süßstoff

Erdbeeren waschen, putzen und kleinschneiden. Mit den anderen Zutaten in den Mixer geben und kräftig durchmixen. Drink abschmecken und in ein Glas füllen.

7.3 g Eiweiß, 3.1 g Fett, 14.0 g Kohlenhydrate (1.2 BE), 120 kcal (502 kJ)

MITTAGESSEN:

GROßER FRUCHTSALAT MIT DICKMILCH

2 Aprikosen (ca. 100 g, entsteint)
100 g Erdbeeren oder andere Beeren
1 kleine Scheibe Ananas aus der Dose (35 g)
100 g frische Süßkirschen, entsteint
1 kleine Banane (100 g)
1 EL (10 g) kernige Vollkornhaferflocken
1 EL (10 g) Zitronensaft
½ Becher (= 100 g) Dickmilch, 3.5% Fett
Süßstoff

Früchte waschen, putzen, Banane schälen. Aprikosen und Kirschen entsteinen. Obst kleinschneiden und mit Zitronensaft, Haferflocken, Dickmilch und Süßstoff mischen.

9.5 g Eiweiß, 5.6 g Fett, 67.7 g Kohlenhydrate (5.6 BE), 361 kcal (1510 kJ)

ZWISCHENDURCH:

KRÄUTERKNÄCKE

1 Scheibe (10 g) Sesamknäckebrot
3 EL (75 g) körniger Frischkäse
1 EL frische, feingewiegte Kräuter (Kresse, Schnittlauch, Dill etc.)

Frischkäse auf dem Brot verteilen, mit Kräutern bestreuen.

10.2 g Eiweiß, 3.4 g Fett, 9.3 g Kohlenhydrate (0.8 BE), 110 kcal (460 kJ)

ABENDESSEN:

SEEZUNGENFILETS, KRÄUTERKARTOFFELN UND SALAT

2 Seezungenfilets (à ca. 60 g, frisch oder TK)
Saft 1 Zitrone

125 g Kartoffeln
Pfeffer, Salz, getrockneter Estragon
1 TL (5 g) Öl
1 TL (5 g) Butter
1 Schalotte oder 1/2 kleine Zwiebel (20 g)
frischer Kerbel und Dill, feingewiegt
50 g Kopfsalat
3 EL (30 g) Reine Buttermilch
Pfeffer, Salz, Süßstoff

Die frischen bzw. aufgetauten Fischfilets kurz abspülen. Zitrone auspressen, Fischfilets in 2 EL Saft marinieren. Restlichen Saft für den Salat aufheben. Kartoffeln schälen, in Würfel schneiden und in wenig Salzwasser garen. Fischfilets abtropfen lassen, mit Pfeffer, Salz und wenig Estragon würzen. Öl in einer beschichteten Pfanne erhitzen und die Filets darin anbraten. Nach 3 Minuten Deckel auf die Pfanne legen und Fisch fertigdünsten. Butter in einem Topf zerlassen, die feingehackte Schalotte bzw. Zwiebel darin andünsten. Die gegarten Kartoffelstücke darin schwenken und mit Kerbel und Dill mischen. Salat waschen, putzen, zerpflücken und mit Buttermilch, 2 TL Zitronensaft und den Gewürzen anmachen. Zum Fisch und den Kartoffeln servieren.

25.1 g Eiweiß, 11.0 g Fett, 22.6 g Kohlenhydrate (1.9 BE), 305 kcal (1277 kJ)

Insgesamt: 65.9 g Eiweiß, 32.6 g Fett, 149.0 g Kohlenhydrate (12.4 BE), 1194 kcal (4996 kJ)

5. Tag

FRÜHSTÜCK:

SCHLEMMERFRÜHSTÜCK MIT FRÜCHTEN

1 Becher (200 g) Leichtkost-Milchreis „natur"
100 g Erdbeeren oder andere Beeren
1 Kiwi (70 g)
1 Scheibe (10 g) Sesamknäckebrot
2 EL (50 g) körniger Frischkäse

Erdbeeren waschen, putzen und kleinschneiden. Kiwi schälen, eine Hälfte würfeln und die andere in Scheiben schneiden. Erdbeer- und Kiwistücke unter den Milchreis mischen. Frischkäse auf das Brot geben und mit Kiwischeiben belegen.

16.4 g Eiweiß, 4.8 g Fett, 45.1 g Kohlenhydrate (3.8 BE), 289 kcal (1209 kJ)

ZWISCHENDURCH:

GEMÜSE-DRINK

1/2 Becher (= 100 g) Dickmilch, 3.5% Fett
200 ml Gemüsesaft oder Gemüsetrunk
1 TL (5 g) Zitronensaft
1 Msp. geriebener Meerrettich
Pfeffer, wenig Salz

Alle Zutaten kräftig verquirlen und den Drink pikant abschmecken.

5.5 g Eiweiß, 3.5 g Fett, 16.2 g Kohlenhydrate (1.4 BE), 118 kcal (494 kJ)

MITTAGESSEN:

HÄHNCHENGESCHNETZELTES, REIS UND SALAT

40 g Naturreis (Rohgewicht)
1 TL Öl (5 g)
1/2 kleine Zwiebel oder 1 Schalotte (10 g)
100 g Hähnchenbrust
50 g frische Champignons
3 EL (30 g) Zitronensaft
1 TL (5 g) Bratensoße (Instantpulver)
50 g Kopfsalat (geputzt)
3 EL (30 g) Reine Buttermilch
Pfeffer, Salz, etwas Senf oder geriebener Meerrettich, Süßstoff

Reis körnig kochen. Öl in einer beschichteten Pfanne erhitzen, das in feine Streifen geschnittene Hähnchenfleisch rundherum darin anbraten. Die feingehackte Zwiebel hinzufügen und mitdünsten. Mit Pfeffer, Salz und 1 EL Zitronensaft würzen. Champignons säubern und blättrigschneiden. Die Hälfte zum Fleisch geben und mitdünsten, Rest für den Salat beiseite stellen. Geschnetzeltes unter gelegentlichem Wenden 5 Minuten dünsten, 5 EL Wasser dazugeben und das Soßenpulver einrühren. Aufkochen lassen und warmstellen. Salat waschen, putzen, zerpflücken und mit den restlichen Champignons mischen. Mit Buttermilch, restlichem Zitronensaft und den Gewürzen anmachen. Schließlich den fertigen Reis abtropfen lassen, mit Geschnetzeltem und Salat servieren.

31.0 g Eiweiß, 8.4 g Fett, 37.8 g Kohlenhydrate (3.2 BE), 356 kcal (1489 kJ)

ZWISCHENDURCH:
PIKANTER TOMATENKEFIR

150 g fettarmer Kefir
150 g pürierte Tomaten (aus der Packung)
1 TL (5 g) Zitronensaft
Pfeffer, Salz, Knoblauchpulver nach Geschmack
1 EL Schnittlauchröllchen

Die Zutaten verquirlen, Drink pikant abschmecken.

7.3 g Eiweiß, 2.6 g Fett, 12.4 g Kohlenhydrate (1.0 BE), 108 kcal (452 kJ)

ABENDESSEN:
BLEICHSELLERIESALAT MIT ANANAS, TOAST

200 g Bleichsellerie (geputzt)
3 kleine Scheiben Ananas aus der Dose (à 35 g)
evtl. 1 TL Weizensprossen
1 kleiner Apfel (100 g)
5 EL (50 g) fettarmer Kefir
1 EL (10 g) Zitronensaft
geriebener Meerrettich, Pfeffer, Salz, Süßstoff
1 Scheibe (30 g) Toastbrot
1 TL (5 g) Halbfettmargarine

Bleichsellerie waschen, putzen und in Scheiben schneiden. Ananasringe kleinschneiden und unterheben. Apfel waschen, entkernen, kleinschneiden und mit den Sprossen untermischen. Kefir mit Zitronensaft und den Würzzutaten verrühren und unter den Salat mischen. Dazu geröstetes Toastbrot mit Halbfett.

7.8 g Eiweiß, 5.4 g Fett, 57.7 g Kohlenhydrate (4.8 BE), 315 kcal (1318 kJ)

Insgesamt: 68.0 g Eiweiß, 24.7 g Fett, 169.2 g Kohlenhydrate (14.1 BE), 1186 kcal (4962 kJ)

6. Tag

FRÜHSTÜCK:
MORGENMUFFEL-FRÜHSTÜCK

1 kleine Scheibe Ananas aus der Dose (35 g)
1 Pfirsich (150 g entsteint)
1 Kiwi (70 g)
1 EL (10 g) kernige Vollkornhaferflocken
1 TL (5 g) Zitronensaft
½ Becher (= 100 g) Dickmilch, 3.5% Fett
100 g fettarmer Kefir
ein Schuß Orangensaft (50 ml)
Süßstoff

Ananasring kleinschneiden, Pfirsich entsteinen, Kiwi schälen, beides kleinschneiden. Obst mischen und die Haferflocken, den Zitronensaft und die Dickmilch unterheben. Kefir mit Orangensaft verquirlen und mit Süßstoff abschmecken.

11.2 g Eiweiß, 6.5 g Fett, 49.3 g Kohlenhydrate (4.1 BE), 307 kcal (1284 kJ)

ZWISCHENDURCH:
PFIRSICHDRINK

1 frischer Pfirsich (150 g entsteint)
1 TL (5 g) Zitronensaft
150 g Reine Buttermilch
Süßstoff

Pfirsich entsteinen und kleinschneiden. Mit den übrigen Zutaten im Mixer kräftig durchmixen, Drink abschmecken.

6.6 g Eiweiß, 1.2 g Fett, 19.8 g Kohlenhydrate (1.7 BE), 126 kcal (527 kJ)

MITTAGESSEN:
GEMÜSESUPPE MIT KÄSEKRUSTE, JOGHURT

100 g Möhren
1 Stück Lauch (75 g)
100 g Bleichsellerie
1 mittelgroße Kartoffel (70 g)
350 ml Fleisch- oder Gemüsebrühe (aus Instantpulver oder Würfel)
Salz, Pfeffer, Petersilie
1 EL (10 g) Semmelbrösel
2 EL (30 g) geriebener Gouda
1 Becher (200 g) extraleichter Erdbeerjoghurt

Gemüse waschen, putzen, kleinschneiden, Kartoffel schälen und würfeln. In die kochende Brühe geben und garen. Fertige Gemüsesuppe abschmecken und gehackte Petersilie dazugeben. Semmelbrösel und geriebenen Käse mischen, Suppe in Tasse oder Teller füllen und die Käsemischung darüberstreuen. Unter dem Grill überbacken. Als Dessert Fruchtjoghurt.

23.3 g Eiweiß, 11.1 g Fett, 42.9 g Kohlenhydrate (3.6 BE), 367 kcal (1536 kJ)

ZWISCHENDURCH:
HIMBEERDRINK

100 g Himbeeren
1 EL (10 g) Zitronensaft
150 g Reine Buttermilch
Süßstoff

Himbeeren waschen, verlesen und mit Buttermilch und Zitronensaft gut durchmixen, Drink mit Süßstoff abschmecken.

6.9 g Eiweiß, 1.5 g Fett, 12.9 g Kohlenhydrate (1.1 BE), 101 kcal (423 kJ)

ABENDESSEN:
ELSÄSSER WURSTSALAT AUF LEICHTE ART

25 g Bierschinken
1 Scheibe Gouda (25 g)
1 Stück Sellerieknolle (100 g geputzt)
1 kleine Tomate (50 g)
1 hartgekochtes Ei (Gew. Kl. 4)
2 EL Zitronensaft oder Weißweinessig (20 g)
Pfeffer, Salz, Süßstoff, Schnittlauch
1/2 Schalotte, feingehackt (10 g)
5 EL (50 g) fettarmer Kefir
1 Scheibe Sesamknäckebrot (10 g)

Wurst und Käse in feine Streifen schneiden. Selleriestück waschen, putzen und in dünne Streifen schneiden. In kochendem Salzwasser 4 Minuten garen, dann abschrecken und abgetropft zu der Wurst-Käse-Mischung geben. Tomate fein würfeln, das Ei hacken und beides untermischen. Zitronensaft bzw. Essig mit gehackter Schalotte, Gewürzen, Schnittlauch und Kefir mischen und den Salat damit anmachen. Kurz durchziehen lassen, dann mit Knäckebrot servieren.

20.9 g Eiweiß, 18.2 g Fett, 17.9 g Kohlenhydrate (1.5 BE), 315 kcal (1318 kJ)

Insgesamt: 68.9 g Eiweiß, 38.5 g Fett, 142.8 g Kohlenhydrate (11.9 BE), 1216 kcal (5088 kJ)

7. Tag

FRÜHSTÜCK:
BEERENMILCHREIS, FRISCHKÄSEKNÄCKE

1 Becher (200 g) Leichtkost-Milchreis „natur"
75 g Beeren (Erdbeeren, Himbeeren, Johannisbeeren)
1 Scheibe Sesamknäckebrot (10 g)
3 EL (75 g) körniger Frischkäse
1 Tomate (50 g)
Pfeffer, Schnittlauchröllchen

Beeren waschen, zerdrücken und unter den Milchreis mischen. Knäckebrot dick mit Frischkäse bestreichen, die in Scheiben geschnittene Tomate darauflegen und mit Pfeffer und Schnittlauch bestreuen.

19.1 g Eiweiß, 5.5 g Fett, 38.7 g Kohlenhydrate (3.2 BE), 282 kcal (1180 kJ)

ZWISCHENDURCH:
APFELBUTTERMILCH

1 Apfel (150 g)
1 TL (5 g) Zitronensaft
150 g Reine Buttermilch
Süßstoff
1 Prise Zimt

Apfel entkernen und kleinschneiden. Zusammen mit Zitronensaft und Buttermilch in den Mixer geben und gut durchmixen. Drink mit Süßstoff und Zimt abschmecken.

5.9 g Eiweiß, 2.3 g Fett, 24.4 g Kohlenhydrate (2.0 BE), 143 kcal (598 kJ)

MITTAGESSEN:
PFANNENGEMÜSE, ÜBERBACKEN

100 g Möhren
1 Stückchen Lauch (50 g)
100 g grüne Bohnen (frisch oder TK)
150 g Kartoffeln

Pfeffer, Salz, Thymian, etwas Bohnenkraut
1 TL (5 g) Butter
5 EL (50 g) fettarme Milch
2 EL (30 g) geriebener Gouda
frische Petersilie

Gemüse putzen, Kartoffeln schälen. Möhren und Kartoffeln in dünne Scheiben, Lauch in Ringe und Bohnen in Stücke schneiden. Gemüse in kochendes Salzwasser geben und 5 Minuten garen. Auf einem Sieb abtropfen lassen. Butter in einer kleinen Pfanne erhitzen, Gemüse hineingeben und mit den Gewürzen und Kräutern mischen. Rundherum andünsten, dann Käse und Milch verquirlen und darübergeben. Deckel auflegen und weiterdünsten, bis der Käse schmilzt.

17.7 g Eiweiß, 14.7 g Fett, 40.2 g Kohlenhydrate (3.4 BE), 364 kcal (1523 kJ)

ZWISCHENDURCH:
JOHANNISBEERDRINK

100 g rote Johannisbeeren
1 TL (5 g) Zitronensaft
150 g fettarmer Kefir
Süßstoff

Johannisbeeren waschen, von den Stielen zupfen, mit Zitronensaft und Kefir in den Mixer geben und gut durchmixen. Drink mit Süßstoff abschmecken.

6.0 g Eiweiß, 1.6 g Fett, 16.9 g Kohlenhydrate (1.4 BE), 115 kcal (481 kJ)

ABENDESSEN:
TOMATENKALTSCHALE UND EIBROT

150 g pürierte Tomaten aus der Packung
100 g fettarmer Kefir
1 TL (5 g) Zitronensaft
½ kleine Knoblauchzehe
frische Petersilie, feingewiegt
Pfeffer, Salz, etwas Süßstoff
1 Scheibe Toastbrot (ca 30 g)
1 Scheibe (10 g) Sesamknäckebrot
1 TL (5 g) Halbfettmargarine
1 hartgekochtes Ei (Gew. Kl. 4)

Tomatenpüree mit Kefir, Zitronensaft, zerdrücktem Knoblauch und Petersilie verquirlen, mit den Gewürzen abschmecken und kühlstellen. Toastbrot rösten, in Würfelchen schneiden und auf die Kaltschale streuen. Mit 1-2 Eischeiben garnieren. Knäckebrot mit Halbfett bestreichen und mit den übrigen Eischeiben belegen.

15.4 g Eiweiß, 11.5 g Fett, 31.5 g Kohlenhydrate (3.6 BE), 294 kcal (1230 kJ)

Insgesamt: 64.1 g Eiweiß, 35.6 g Fett, 151.7 g Kohlenhydrate (12.6 BE), 1198 kcal (5012 kJ)

Die Familien-Diät

Gewohnheiten prägen unsere Ernährungsweise entscheidend mit. Die Familie und ihre Verhaltensregeln beeinflussen das Eßverhalten von Anfang an. So kommt es, daß Übergewicht häufig ein familiäres Problem ist: dicke Eltern, dicke Kinder und später ebenfalls dicke Erwachsene! In solchen Fällen ist abnehmen ganz besonders schwierig, vor allem, wenn nur 1 Familienmitglied sich zur Diät entschlossen hat.

Gemeinsam geht's besser! Probieren Sie mal, zusammen mit der ganzen Familie leichter und bewußter zu essen. Ideal ist ein solches Unterfangen im Urlaub.

Dauer der Diät: 7 Tage
Energie: ca. 1200 kcal / Person und Tag
Mahlzeiten: 5 pro Tag
Rezepte für Frühstück, Mittagessen und Abendbrot für jeweils 4 Personen, Zwischenmahlzeiten zum Aussuchen, jeweils für 1 Person

1. Tag

FRÜHSTÜCK:

PIKANTES QUARKBROT, PFIRSICHKNÄCKE

4 Scheiben Roggenvollkornbrot (à 45 g)
8 Scheiben (à 10 g) Knäckebrot
400 g Magerquark
Saft $^1/_2$ Zitrone (25 g)
5 EL (50 g) Reine Buttermilch
1 Kästchen Kresse (20 g)
Pfeffer, wenig Salz
3 Pfirsiche (à 100 g entsteint)
4 TL (40 g) Honig

Quark mit Buttermilch und Zitronensaft glattrühren. Kresse abschneiden. Roggenbrote mit etwas Quark bestreichen, Kresse darauf verteilen und das Ganze mit Pfeffer und Salz würzen. Restlichen Quark auf die Knäckebrote geben. Pfirsiche waschen, entsteinen und in schmale Spalten schneiden. Diese auf die Knäckebrote legen und jeweils etwas Honig darüberträufeln.

Pro Person ca: 20.1 g Eiweiß, 1.5 g Fett, 51.4 g Kohlenhydrate (4.3 BE), 301 kcal (1259 kJ)

MITTAGESSEN:

HÄHNCHENBRUSTFILET MIT APRIKOSEN-SAUCE, REIS UND SALAT

160 g Langkornreis (roh)
3-4 Hähnchenbrustfilets (400 g)
Pfeffer, Salz, Curry
gut 2 EL (25 g) Öl
4-5 Aprikosen (200 g, ensteint)
1 Msp. Instant-Hühnerbrühe
2 EL Orangen-oder Zitronensaft
1 mittelgroßer Kopf Frisée-oder anderer Blattsalat (ca. 300 g)
250 g frische Champignons
Saft 1 Zitrone (50 g)
1 TL (5 g) Meerrettich aus dem Glas
Pfeffer, Salz, Süßstoff
125 g Reine Buttermilch

Den Reis nach Vorschrift körnig kochen, inzwischen das Hähnchenfleisch mit Pfeffer, Salz und Curry würzen. Eine beschichtete Pfanne mit Öl erhitzen, und das Fleisch von beiden Seiten braten. Herausnehmen und warmstellen. Aprikosen waschen, entsteinen und kleinschneiden, zum Bratenansatz geben und zugedeckt dünsten. Orangen- oder Zitronensaft angießen und mit dem Mixstab zermusen. Mit Hühnerbrühe, Pfeffer und Curry abschmecken. Fleisch wieder in die Sauce legen. Salat waschen, putzen und nudelig schneiden bzw. zerpflücken. Pilze säubern, blättrig schneiden und unter den Salat mischen. Die übrigen Zutaten verrühren und Sauce untermischen.

Pro Person ca: 30.5 g Eiweiß, 8.8 g Fett, 38.8 g Kohlenhydrate (3.2 BE), 360 kcal (1506 kJ)

ABENDESSEN:

LAUCHSUPPE MIT KARTOFFELN, MILCHREIS

300 g Lauch (Porrée)
300 g mehlige Kartoffeln
1 EL (10 g) Öl
1 kleine Zwiebel (20 g)
750 ml Fleischbrühe (Würfel)
100 ml Milch, 1.5% Fett
Zitronensaft, Pfeffer, Muskat, Salz
100 g Sahne-Dickmilch
2 EL (10 g) Schnittlauchröllchen
4 Becher (à 200 g) Leichtkost-Milchreis „natur"

Lauch waschen, putzen und längs halbieren. In feine Streifen schneiden. Kartoffeln schälen und würfeln. Öl in einem Topf erhitzen, Zwiebel hacken und darin andünsten. Gemüse dazugeben und mitdünsten. Die Hälfte der Brühe angießen und das Ganze zugedeckt bei schwacher Hitze garen. Mit dem Mixstab durchpassieren, dann die restliche Brühe und die Milch dazugeben. Aufkochen lassen, mit den Würzzutaten abrunden und die Hälfte der Sahnedickmilch unterziehen. Suppe verteilen, auf jede Portion noch einen Klacks Sahnedickmilch geben und mit Schnittlauch bestreuen. Als Dessert Milchreis essen.

Pro Person ca: 13.6 g Eiweiß, 8.1 g Fett, 40.6 g Kohlenhydrate (3.4 BE), 290 kcal (1213 kJ)

2. Tag

FRÜHSTÜCK:

FRÜHSTÜCKSMÜSLI MIT FRÜCHTEN

4 kleine Bananen (400 g geschält)
2 kleine Äpfel (200 g)
200 g frische Beeren (Himbeeren, Johannisbeeren, Erdbeeren, o.a.)
2 EL (20 g) grobgehackte Haselnüsse
100 g Cornflakes
1 Becher (500 g) Reine Buttermilch
Saft 1/2 Zitrone (25 g), Süßstoff

Bananen schälen und in Scheiben schneiden. Äpfel waschen, Kernhaus entfernen und Früchte kleinschneiden. Beeren waschen und putzen. Obst mit den Nüssen und Cornflakes locker mischen und auf vier Teller verteilen. Buttermilch mit Zitronensaft und Süßstoff verquirlen und darüber verteilen.

Pro Person ca: 9.1 g Eiweiß, 4.8 g Fett, 52.9 g Kohlenhydrate (4.4 BE), 295 kcal (1234 kJ)

MITTAGESSEN:

SALATSCHÜSSEL MIT SCHINKEN

250 g Erbsen (TK)
500 g Chicorée (oder Chinakohl)
300 g blaue Weintrauben
2 Bund (200 g) Radieschen
1 Kästchen Kresse (20 g)
200 g gekocht. Schinken o. Fettrand
Saft 1/2 Zitrone (25 g)
Sojasauce, Pfeffer, Salz, Süßstoff
200 g Dickmilch, 3.5% Fett
30 g Reine Buttermilch
4 Scheiben (à 30 g) Toastbrot
4 TL (20 g) Halbfettmargarine

Erbsen garen und abtropfen lassen. Chicorée bzw. Chinakohl halbieren, den bitteren Strunk entfernen, die Hälften in Streifen schneiden und waschen. Trauben waschen. Radieschen hobeln. Schinken in Streifen schneiden. Diese Zutaten und die Erbsen mischen, Kresse hacken und untermengen. Zitronensaft, Würzzutaten und Dickmilch verrühren und unterziehen. Toast rösten, mit Halbfett bestreichen und dazu servieren.

Pro Person ca: 20.7 g Eiweiß, 12.3 g Fett, 35.1 g Kohlenhydrate (2.9 BE), 336 kcal (1406 kJ)

ABENDESSEN:

KARTOFFEL-SPINAT-AUFLAUF

700 g festkochende Kartoffeln
500 g frischer Blattspinat
1 EL (10 g) Butter
1 kleine Zwiebel (20 g)
1 Knoblauchzehe (3 g)
Muskat, Pfeffer, Salz
150 g gekochter Schinken o. Fettrand
2 EL (50 g) Sahne-Dickmilch
5 EL (50 ml) fettarme Milch
2 Eier (Gew. Kl. 4)
5 EL (50 g) geriebener Emmentaler

Kartoffeln waschen und garen. Pellen, etwas abkühlen lassen, dann in Scheiben schneiden. Spinat waschen und abtropfen lassen. Butter in einem Topf erhitzen, gehackte Zwiebel und zerdrückten Knoblauch darin andünsten und den Spinat hinzugeben. Mit Muskat, Pfeffer und Salz würzen und Spinatmasse in eine hitzefeste Form geben. Schinken in Streifen schneiden, darübergeben und die Kartoffelscheiben schuppenartig darauflegen. Sahnedickmilch, Milch, Eier und Käse verquirlen, mit Muskat, Pfeffer und Salz würzen und darüber verteilen. Im vorgeheizten Backofen bei 180°C 25-30 Minuten backen.

Pro Person ca: 21.9 g Eiweiß, 15.7 g Fett, 30.3 g Kohlenhydrate (2.5 BE), 351 kcal (1402 kJ)

3. Tag

FRÜHSTÜCK:

VOLLKORNBROT MIT KRESSE UND EI, VITAMINDRINK

4 Sch. (à 45 g) Roggenvollkornbrot
4 TL (20 g) Halbfettmargarine
2 Kästchen Kresse (40 g)
4 hartgekochte Eier (Gew. Kl. 4)
1 Becher (500 g) Multivitamin-Buttermilch
200 ml Grapefruit- oder Orangensaft

Brote mit Halbfett bestreichen, die grobgehackte Kresse darauf verteilen und auf jede Brotscheibe ein in Scheiben geschnittenes, gekochtes Ei legen. Multivitamin-Buttermilch mit dem Saft verquirlen, Drink auf vier Gläser verteilen.

Pro Person ca: 14.3 g Eiweiß, 10.0 g Fett, 39.1 g Kohlenhydrate (3.3 BE), 308 kcal (1232 kJ)

MITTAGESSEN:

BLUMENKOHL, SCHINKEN-KÄSE-SAUCE UND KARTOFFELN

1.5 kg Blumenkohl (geputzt)
700 g Kartoffeln
1 TL (5 g) Butter
120 g gekocht. Schinken o. Fettrand
$\frac{1}{2}$ kleine Zwiebel (10 g)
1 Pck. Helle Sauce (für $\frac{1}{4}$ Liter)
5 EL (50 g) geriebener Emmentaler
2 EL (50 g) Sahne-Dickmilch
1 Bund Schnittlauch (20 g)

Blumenkohl putzen und waschen. In Röschen teilen, in kochendes Salzwasser geben und bißfest garen. Kartoffeln schälen und knapp mit Wasser bedeckt garen. Butter erhitzen, gewürfelten Schinken und gehackte Zwiebel darin andünsten, mit 250 ml Wasser angießen und das Saucenpulver einrühren. Sauce nach Vorschrift fertigstellen, Käse unterrühren und Sahnedickmilch unterziehen. Kartoffeln und Blumenkohl mit der Sauce servieren.

Pro Person ca: 23.9 g Eiweiß, 13.1 g Fett, 42.5 g Kohlenhydrate (3.5 BE), 388 kcal (1623 kJ)

ABENDESSEN:

BLUMENKOHLCREMESUPPE, FRÜCHTEBECHER

400 g Blumenkohl (geputzt)
200 g mehlige Kartoffeln
700 ml Fleischbrühe (Würfel)
100 ml fettarme Milch
$\frac{1}{2}$ Becher (87.5 g) Sahne-Dickmilch
1 EL (15 g) Speisestärke
Pfeffer, Muskat, Knoblauch, Salz
6 EL Weizensprossen (aus 25 g Körnern)
2 EL 10 g) Kerbel oder Petersilie

Blumenkohl putzen, in Röschen teilen und waschen. Kartoffeln schälen, vierteln und zusammen mit dem Blumenkohl knapp mit Wasser

bedeckt weich kochen. Abgießen, dabei 1 Tasse Kochwasser aufheben. Gemüse durchpassieren, das Kochwasser und die heiße Brühe unterrühren und die Suppe zum Kochen bringen. Die Sahnedickmilch mit der Milch und der Stärke verrühren und die Suppe damit binden. Die Suppe mit den Würzzutaten abschmecken und mit dem Sprossen und Kräutern bestreut servieren.

Pro Person ca: 6.6 g Eiweiß, 3.8 g Fett, 20.3 g Kohlenhydrate (1.7 BE), 142 kcal (594 kJ)

ZWISCHENDURCH

FRÜCHTEBECHER „SUMMERTIME"

400 g Honigmelone
300 g entsteinte Sauerkirschen (Glas)
½ Becher (87.5 g) Sahne-Dickmilch
200 g Dickmilch, 3.5% Fett
2 EL (20 g) Zitronensaft, Süßstoff

Fruchtfleisch würfeln. Mit den abgetropften Kirschen auf vier Dessertschalen verteilen. Übrige Zutaten glattrühren, Sauce abschmecken, darübergeben.

Pro Person ca: 3.9 g Eiweiß, 4.2 g Fett, 30.8 g Kohlenhydrate (2.6 BE), 179 kcal (749 kJ)

4. Tag

FRÜHSTÜCK:

MILCHREIS-FRÜCHTE-MÜSLI

3 Becher (à 200 g) Leichtkost-Milchreis „natur"
2 Pfirsiche (200 g entsteint)
200 g entsteinte Sauerkirschen (Glas)
50 g Cornflakes
6 EL Weizensprossen (aus 25 g Körnern)
2 EL (20 g) Zitronensaft
4 Gläser (à 150 ml) Orangensaft

Milchreis in eine Schüssel geben. Pfirsiche waschen, entsteinen und kleinschneiden. Kirschen abtropfen lassen. Pfirsiche, Sprossen und Zitronensaft unter den Milchreis mischen, auf vier Teller verteilen. Kirschen und Cornflakes darübergeben. Zu jeder Portion ein Glas Saft servieren.

Pro Person ca: 9.3 g Eiweiß, 1.9 g Fett, 61.9 g Kohlenhydrate (5.2 BE), 301 kcal (1259 kJ)

MITTAGESSEN:

SALAT „BELLA ITALIA"

150 g Tortellini (Rohgewicht)
1 Kopf Römischer Salat (300 g geputzt)
150 g Rauke (oder z.B. roter Kopfsalat, Zuckerhut, Batavia o.ä.)
400 g Tomaten
300 g zarte Zucchini
200 g Fenchelknolle
150 g gekochter Schinken ohne Fettrand
1 TL (5 g) Olivenöl
1 Zwiebel (50 g)
Saft ½ Zitrone (25 g)
175 g Dickmilch, 3.5% Fett
2 EL (20 g) Reine Buttermilch
Pfeffer, Salz, Fenchelkraut, Basilikum

Tortellini nach Vorschrift bißfest garen. Inzwischen Blattsalat waschen, putzen und zerpflücken. Tomaten waschen und achteln. Zucchini waschen und in feine Streifen schneiden. Fenchelknolle putzen und in sehr dünne Scheiben schneiden. Zwiebel in Ringe und Schinken in schmale Streifen schneiden. Tortellini abgießen und abschrecken. Öl in einer Pfanne erhitzen, die Zwiebel und den Schinken darin andünsten, dann die abgetropften Tortellini untermischen, warmhalten. Das vorbereitete Salatgemüse locker mischen und auf vier Tellern anrichten. Zitronensaft, Dickmilch, Buttermilch und die Würzzutaten verrühren und das Dressing über die Salatportionen verteilen. Dann die Tortellinimischung daraufgeben.

Pro Person ca: 19.3 g Eiweiß, 16.2 g Fett, 34.2 g Kohlenhydrate (2.8 BE), 363 kcal (1519 kJ)

ABENDESSEN:

FORELLENFILETS MIT MEERRETTICHCREME

4 geräucherte Forellenfilets (ca. 350 g)
1 Becher (175 g) Sahne-Dickmilch
2 TL (10 g) Meerrettich (Glas)
Zitronensaft, schwarzer Pfeffer aus der Mühle, 2 Wacholderbeeren, Salz
4 Scheiben (à 45 g) Vollkornbrot
4 TL (20 g) Halbfettmargarine
einige Salatblätter zum Anrichten

Sahnedickmilch mit Meerrettich, Zitronensaft, Pfeffer und Salz verrühren, die Wacholderbeeren im Mörser zerstoßen und untermischen. Brote mit Halbfett bestreichen, mit je einem Forellenfilet belegen und auf Salatblättern anrichten. Dazu die Creme servieren.

Pro Person ca: 27.3 g Eiweiß, 9.2 g Fett, 20.7 g Kohlenhydrate (1.7 BE), 275 kcal (1151 kJ)

5. Tag

FRÜHSTÜCK:

KÄSEBRÖTCHEN, SPROSSEN-MÜSLI

4 Vollkornbrötchen (à 50 g)
4 TL (20 g) Halbfettmargarine
4 Scheiben (100 g) Edamer, 30% F.i.Tr.
150 g Tomaten
50 g Weizensprossen (25 g Körner)
4 EL (40 g) Vollkornhaferflocken
2-3 Äpfel (300 g)
Saft 1/2 Zitrone (25 g)
1/2 Becher (250 g) Reine Buttermilch
Süßstoff

Brötchen halbieren, mit Halbfett bestreichen und mit Käse belegen. Tomaten in Scheiben schneiden, auf die Brötchenhälften verteilen. Sprossen mit Haferflocken mischen, Äpfel waschen, würfeln und mit Zitronensaft untermischen. Buttermilch darübergießen und Müsli mit Süßstoff abschmecken.

Pro Person ca: 15.4 g Eiweiß, 8.0 g Fett, 45.3 g Kohlenhydrate (3.8 BE), 327 kcal (1368 kJ)

MITTAGESSEN:

PELLKARTOFFELN MIT KRÄUTERQUARK

1.3 kg Kartoffeln
500 g Magerquark
150 g fettarmer Kefir
1 Bund Dill (20 g)
1 Bund Schnittlauch (20 g)
1 Kästchen Kresse (20 g)
1 kleine Zwiebel (20 g)
1-2 Knoblauchzehen (3 g)
Zitronensaft, Pfeffer, Salz

Kartoffeln waschen, abbürsten und garen. Quark mit Kefir glattrühren. Feingewiegte Kräuter untermischen. Zwiebel und Knoblauch abziehen, Zwiebel fein würfeln, Knoblauch durchpressen, beides unter den Quark mischen. Mit Zitronensaft, Pfeffer und Salz würzen und zu den heißen Pellkartoffeln servieren.

Pro Person ca: 25.8 g Eiweiß, 1.2 g Fett, 58.1 g Kohlenhydrate (4.8 BE), 351 kcal (1469 kJ)

ABENDESSEN:

CHILI CON KEFIR

1 1/2 Becher (750 g) fettarmer Kefir
1 Dose (265 g Abtropfgewicht) rote Bohnen
1 Dose (285 g Abtropfgewicht) Maiskörner
1 Paprikaschote (150 g)
1 Zwiebel (30 g)
1 TL Paprikapulver „edelsüß"
Süßstoff, Pfeffer aus der Mühle, etwas Tabasco oder Chilipulver
1 Blättchen Basilikum
4 dünne Scheiben Baguette (50 g)

Kefir in eine Schüssel gießen und die abgetropften Bohnen und den Mais dazugeben. Paprikaschote waschen, putzen und in Streifen schneiden. Zwiebel fein hacken, beides zusammen mit dem Paprikpulver untermischen. Mit den Würzzutaten nicht zu scharf abschmecken und mit Basilikumblättchen garnieren. Dazu jeweils 1 kleine Scheibe Baguette servieren.

Pro Person ca: 18.2 g Eiweiß, 4.9 g Fett, 49.9 g Kohlenhydrate (4.2 BE), 326 kcal (1364 kJ)

6. Tag

FRÜHSTÜCK:

SCHINKENKNÄCKE, HONIG-SCHNITTE

8 Scheiben (à 10 g) Knäckebrot
4 TL (20 g) Halbfettmargarine
50 g roher Schinken ohne Fettrand, in hauchdünnen Scheiben
4 Cornichons (50 g)
4 Scheiben (à 45 g) Vollkornbrot
175 g Magerquark
4 TL (40-50 g) Honig

Knäckebrote dünn mit Halbfett bestreichen und Schinken darauf verteilen. Mit in Scheiben geschnittenen Cornichons garnieren. Vollkornbrot mit Quark bestreichen und den Honig daraufträufeln.

Pro Person ca: 13.6 g Eiweiß, 7.4 g Fett, 42.9 g Kohlenhydrate (3.6 BE), 294 kcal (1230 kJ)

MITTAGESSEN:

SPARGELAUFLAUF MIT KRABBEN, REIS

1 kg Spargelstücke aus der Dose
1 EL (10 g) Butter
1 gehäufter EL (20 g) Mehl
Muskat, Pfeffer, Salz
3 Eier (Gew. Kl. 4), getrennt
100 g Sahne-Dickmilch
1 EL (10 g) Zitronensaft
150 g Krabben (aus der Dose)
1 Bund (20 g) Petersilie
200 g Langkornreis (Rohgewicht)

Spargelstücke abtropfen lassen, Sud auffangen. Butter erhitzen, Mehl darin hell anschwitzen und mit 2 Tassen Spargelwasser ablöschen. Unter Rühren aufkochen und gut 5 Minuten köcheln lassen. Sauce vom Herd nehmen und würzen. Eigelb mit Sahnedickmilch verquirlen und in die Sauce rühren. Eiweiß mit Zitronensaft steifschlagen, kleingeschnittene Krabben unterheben und Masse unter die Sauce mischen. Spargelstücke in eine hitzefeste Form geben, die Ei-Krabben-Masse darüberfüllen und das Ganze im vorgeheizten Backofen bei 200°C 25-30 Minuten backen. Inzwischen Reis körnig kochen. Auflauf mit Petersilie bestreut zum Reis servieren.

Pro Person ca: 21.7 g Eiweiß, 11.6 g Fett, 45.9 g Kohlenhydrate (3.8 BE), 375 kcal (1569 kJ)

ABENDESSEN:

PIKANTER GEMÜSETOPF MIT KEFIR

250 g Tomaten
1 Salatgurke (ca. 600 g)
2 Paprikaschoten (300 g geputzt)
1 Kästchen Kresse (20 g)
250 g Spargelstücke aus der Dose
1 1/2 Becher (750 g) fettarmer Kefir
Saft 1/2 Zitrone (25 g)
75 g Sahne-Dickmilch
Pfeffer, Salz
1 Knoblauchzehe (3 g)
1 Bund (20 g) Schnittlauch
200 g Fladenbrot oder 200 g Baguette oder 4 Brötchen à ca. 50 g

Tomaten waschen und würfeln, Gurke schälen und in Stifte schneiden. Paprikaschoten waschen, putzen und in Streifen schneiden. Kresse abschneiden, grob hacken, mit Spargelstücken locker mischen. Kefir mit Zitronensaft, Sahnedickmilch, Gewürzen und feingewiegtem Schnittlauch verquirlen, darübergießen und das Ganze zugedeckt im Kühlschrank durchziehen lassen. Mit Brot oder Brötchen servieren.

Pro Person ca: 15.4 g Eiweiß, 6.4 g Fett, 41.8 g Kohlenhydrate (3.5 BE), 296 kcal (1238 kJ)

7. Tag

FRÜHSTÜCK:

TOASTBROT MIT EI, KÄSE-KNÄCKE

4 Scheiben (à 30 g) Toastbrot
4 TL (20 g) Halbfettmargarine
4 gekochte Eier (Gew. Kl. 4)
4 Scheiben (à 10 g) Knäckebrot
4 Portionsecken (à 25 g) Schmelzkäse, 20 oder 30% F.i.Tr. (z.B. mit Kräutern, Paprika, Champignons)
4 Cornichons (50 g)
4 Gläser (à 200 ml) Tomatensaft

Toastbrot rösten, mit Halbfett bestreichen und jeweils zum Ei servieren. Knäckebrot mit Schmelzkäse bestreichen, die in Scheiben geschnittenen Cornichons darauf verteilen. Dazu Tomatensaft.

Pro Person ca: 16.2 g Eiweiß, 11.7 g Fett, 29.1 g Kohlenhydrate (2.4 BE), 290 kcal (1213 kJ)

MITTAGESSEN:

TAFELSPITZ À LA FRITZ

200 g Wurzelwerk (Sellerie, Möhre, Lauch, Petersilienwurzel)
1-2 Lorbeerblätter, 2-3 Wacholderbeeren, einige Pfefferkörner, Pfeffer, Salz
500 g Tafelspitz (evtl. gepökelt)
150 g Möhren
150 g Sellerieknolle
100 g Lauch
1 TL (5 g) Butter
1 Bund (20 g) Petersilie
600 g Kartoffeln
1 Glas Rote Beete (430 g abgetropft)
1 Becher (200 g) Dickmilch, 3.5% Fett
1 EL (10 g) Meerrettich (Glas)
Pfeffer, Salz, etwas Zitronensaft
1 Bund (20 g) Schnittlauch

Etwa 2 ½ Liter Wasser mit dem geputzten Wurzelwerk, den Lorbeerblättern, Wacholderbeeren, Pfefferkörnern, Pfeffer und Salz zum Kochen bringen und das Fleisch zusetzen. Zugedeckt bei milder Hitze etwa 1½ Stunden kochen. Möhren, Sellerie und Lauch waschen, putzen und in Stifte schneiden. In wenig Salzwasser 3-5 Minuten kochen, abgießen. Kartoffeln schälen, vierteln und garen. Rote Beete abgetropft auf vier Salatteller verteilen. Dickmilch mit Meerrettich, Gewürzen und gewiegtem Schnittlauch verrühren und als Dip zum Salat servieren. Kartoffeln abgießen. Fleisch herausnehmen, in Scheiben schneiden. Mit gegarten Gemüsestreifen, Kartoffeln und Salat anrichten. Brühe für abends aufheben.

Pro Person ca: 34.3 g Eiweiß, 12.3 g Fett, 39.0 g Kohlenhydrate (3.2 BE), 406 kcal (1699 kJ)

ABENDESSEN:

RINDFLEISCHSUPPE MIT GEMÜSE UND GRIESSKLÖSSEN

1 ½ Liter selbstgekochte, gute Fleischbrühe (vom Mittagessen)
100 g Karotten
100 g Lauch
100 g Sellerieknolle
2 Eier (Gew. Kl. 4)
Pfeffer, Muskat, Salz
1 Bund (20 g) Petersilie
150 g Hartweizengrieß
50 g Fadennudeln (Rohgewicht)
Instantbrühe oder Würfel für 1.5 Liter Suppe

Brühe zum Kochen bringen, Gemüse waschen, putzen und in feine Streifen schneiden, in der Brühe garen. Eier mit den Würzzutaten, 2 EL gehackter Petersilie und dem Grieß verrühren, kurz durchziehen lassen und dann von der Masse Klößchen abstechen. In die kochende Brühe geben, 10 Minuten kochen lassen und dann die Fadennudeln dazugeben. Auf kleinster Stufe gut 5 Minuten weitergaren, dann Suppe mit Instantbrühe abschmecken und mit der restlichen Petersilie bestreut servieren.

Pro Person ca: 12.0 g Eiweiß, 5.6 g Fett, 39.6 g Kohlenhydrate (3.3 BE), 251 kcal (1050 kJ)

ZWISCHENMAHLZEITEN:

zum Aussuchen (2 Stück pro Tag, Rezepte jeweils für 1 Person)

MILCHREIS
1 Becher (200 g) Leichtkost-Milchreis „natur"

7.8 g Eiweiß, 1.6 g Fett, 23.2 g Kohlenhydrate (1.9 BE), 138 kcal (577 kJ)

JOGHURT
1 Becher (200 g) extraleichter Müsli-Joghurt

8.0 g Eiweiß, 0.2 g Fett, 16.6 g Kohlenhydrate (1.4 BE), 100 kcal (418 kJ)

BANANE
1 große Banane (150 g geschält)

1.7 g Eiweiß, 0.3 g Fett, 28.2 g Kohlenhydrate (2.4 BE), 122 kcal (510 kJ)

TOMATENBROT
1 Scheibe (45 g) Roggenvollkornbrot
1 TL (5 g) Halbfettmargarine
100 Tomaten in Scheiben
Pfeffer, Salz

Brot mit Halbfett bestreichen und mit Tomatenscheiben belegen, leicht würzen.

4.5 g Eiweiß, 2.8 g Fett, 21.4 g Kohlenhydrate (1.8 BE), 129 kcal (540 kJ)

RADIESCHENBROT
1 Scheibe (45 g) Roggenvollkornbrot
1 TL (5 g) Halbfettmargarine
einige (7 Stück bzw. 35 g) Radieschen
Pfeffer, Salz

Brot mit Halbfett bestreichen, Radieschen waschen, putzen, hobeln und darauf verteilen, dann leicht würzen.

3.8 g Eiweiß, 2.7 g Fett, 19.2 g Kohlenhydrate 1.6 BE), 117 kcal (490 kJ)

PIKANTER FRISCHKÄSE
½ Becher (100 g) körniger Frischkäse
2 EL (10 g) feingewiegte frische Kräuter
1 Stück (100 g) Salatgurke
Pfeffer, etwas Salz
1 Scheibe (10 g) Knäckebrot

Frischkäse mit Kräutern, gewürfelter Gurke und Gewürzen mischen und zum Knäckebrot essen.

14.3 g Eiweiß, 4.7 g Fett, 13.4 g Kohlenhydrate (1.2 BE), 153 kcal (640 kJ)

TOMATENMIX
250 g Tomatensaft
100 g fettarmer Kefir
Pfeffer, Tabasco, Salz

Die Zutaten gut verquirlen, Drink abschmecken.

6.1 g Eiweiß, 1.8 g Fett, 13.7 g Kohlenhydrate (1.1 BE), 100 kcal (418 kJ)

HONIGMELONE
250 g Honigmelone (Fruchtfleisch, ohne Kerne und Schale)

1.5 g Eiweiß, 0.3 g Fett, 31.0 g Kohlenhydrate (2.6 BE), 133 kcal (556 kJ)

DIE BÜRO-DIÄT

Gehören Sie auch zu den Menschen, die eine „vorwiegend sitzende Tätigkeit" ausüben? Dann kennen Sie sicher auch das Problem Darmträgheit und schlagen sich vielleicht auch mit ein paar Pfunden zuviel herum. Bewegungsmangel – in Beruf und Freizeit – führt rasch zu Übergewicht und zu Verstopfung. Fehler in der Ernährung – zu viel Fett und Zucker, zu wenig Ballaststoffe, zu wenig Flüssigkeit – fördern diese Entwicklung noch. Haben sich die Pfunde einmal festgesetzt, wird man sie nur schwer wieder los. Wie soll man auch im Büro Diät halten ?

Eigentlich ist alles ganz einfach: Machen Sie um die Kantine einen großen Bogen und nehmen Sie Ihr Essen von zuhause mit! Natürlich diätgerecht zubereitet! Wir zeigen Ihnen köstliche Beispiele für eine leichte Bürokost und kalorienarme Mahlzeiten für zuhause. Mit täglich nur 1200 kcal verlieren Sie in 5 Tagen spielend 2 Pfund und bringen Ihre Verdauung wieder in Schwung

Dauer: 5 Tage (Arbeitstage)
Energie: ca. 1200 kcal pro Tag
Mahlzeiten: 5 pro Tag,
Frühstück und Abendessen zuhause, alle anderen Mahlzeiten im Büro.
Alle Rezepte für 1 Person

1. Tag

FRÜHSTÜCK:

BANANENBROT, ORANGEN-MILCH-GETRÄNK

1 Scheibe (45 g) Roggenvollkornbrot
2 EL (50 g) Magerquark
1 Banane (125 g geschält)
1 TL (10 g) Honig
1 Glas (0.2 l) Orangen-Milch-Getränk (mit Süßstoff)

Brot mit Quark bestreichen, Banane in Scheiben schneiden und die Hälfte auf dem Brot verteilen. Mit Honig beträufeln. Restliche Bananenscheiben mit Orangen-Milch-Getränk durchmixen, in ein Glas füllen.

14.1 g Eiweiß, 1.6 g Fett, 58.3 g Kohlenhydrate (4.9 BE), 300 kcal (1255 kJ)

ZWISCHENDURCH:

KIWI-MILCHREIS

1 Kiwi (70 g)
1 Becher (200 g) Leichtkost-Milchreis „natur"

Kiwi schälen, würfeln und unter den Milchreis mischen.

8.4 g Eiweiß, 2.0 g Fett, 30.4 g Kohlenhydrate (2.5 BE), 173 kcal (724 kJ)

MITTAGESSEN:

SANDWICH MIT GEFLÜGELSÜLZE

1 Stück Weizenvollkornbaguette oder Vollkornbaguettebrötchen (80 g)
2 TL (10 g) Halbfettmargarine
einige Salatblätter
1 Tomate (70 g)
1 Gewürzgurke (25 g)
2 Scheiben (à 25 g) Geflügelsülze (z.B. Hähnchen-oder Putenbrust in Aspik)
1 kleine Banane (100 g geschält)

Baguette quer durchschneiden, die Hälften mit Halbfett bestreichen und auf eine Hälfte die gewaschenen Salatblätter legen. Darauf einige Tomaten- und Gurkenscheiben verteilen und die halbierten Geflügelsülze-Scheiben daraufgeben. Die restlichen Tomaten- und Gurkenscheiben darauf verteilen und mit der zweiten Brötchenhälfte bedecken. Einpacken und zusammen mit der Banane mitnehmen.

18.2 g Eiweiß, 8.0 g Fett, 54.9 g Kohlenhydrate (4.6 BE), 368 kcal (1540 kJ)

ZWISCHENDURCH:

1 APFEL (150 g)

0.3 g Eiweiß, 0.9 g Fett, 16.4 g Kohlenhydrate (1.4 BE), 75 kcal (314 kJ)

ABENDESSEN:

BLUMENKOHLSUPPE MIT WEIZENSPROSSEN

300 g gekochter Blumenkohl
100 g frischgekochte Kartoffeln
100 ml heiße fettarme Milch
125 ml heißes Gemüsekochwasser
Pfeffer, Muskat, Salz, Instant-Brühe
2 EL (50 g) Sahne-Dickmilch

evtl. 1 EL Weizensprossen (= 7 g trockene Körner)
2 EL (10 g) Kerbel

Kochen Sie abends 1 ganzen Blumenkohl von ca. 1 kg (geputzt und in Röschen zerteilt) zusammen mit 100 g geschälter und gewürfelter Kartoffel. Für das Abendessen werden 300 g Blumenkohl und die gegarten Kartoffelstücke benötigt. Den restlichen Blumenkohl brauchen Sie für andere Mahlzeiten. Blumenkohl mit den gegarten Kartoffeln und der erhitzen Milch pürieren. Mit heißem Gemüsewasser auffüllen, durchrühren und Suppe zum Kochen bringen. Würzen, vom Herd nehmen und die Sahne-Dickmilch unterziehen. Sprossen und feingewiegten Kerbel darüberstreuen.

16.1 g Eiweiß, 8.1 g Fett, 36.1 g Kohlenhydrate (3.0 BE), 283 kcal (1184 kJ)

Insgesamt: 49.1 g Eiweiß, 20.6 g Fett, 196.1 g Kohlenhydrate 16.3 BE), 1207 kcal (5050 kJ)

2. Tag

FRÜHSTÜCK:
VOLLKORNBROT MIT EI,
MULTIVITAMIN-DRINK

1 Scheibe (45 g) Roggenvollkornbrot
1 TL (5 g) Halbfettmargarine
2 EL (10 g) Kresse
1 hartgekochtes Ei (Gew. Kl. 4)
Pfeffer
150 g Multivitamin-Buttermilch

Brot mit Halbfett bestreichen und die Kresse darauf verteilen. Das gekochte Ei in Scheiben auf das Brot legen. Mit Pfeffer würzen. Dazu die Multivitamin-Buttermilch servieren.

14.6 g Eiweiß, 10.1 g Fett, 37.8 g Kohlenhydrate (3.1 BE), 307 kcal (1284 kJ)

ZWISCHENDURCH:
ORANGEN-REIS

1 kleine Orange (100 g geschält)
1 Becher (200 g) Leichtkost-Milchreis „natur"

Orange schälen, in Filets teilen und diese halbieren. Unter den Milchreis mischen.

8.8 g Eiweiß, 1.8 g Fett, 32.7 g Kohlenhydrate (2.7 BE), 182 kcal (761 kJ)

MITTAGESSEN:
PIKANTER BLUMENKOHLSALAT

400 g gekochter Blumenkohl vom Vorabend)
2 EL (10 g) feingewiegter Kerbel oder Petersilie
1 Scheibe (30 g) gekochter Schinken ohne Fettrand
2 EL (20 g) Zitronensaft
Pfeffer, Muskat, Salz, Süßstoff
2 EL (50 g) Sahnedickmilch
2 EL (20 g) fettarmer Kefir
2 Scheiben (à 10 g) Knäckebrot

Blumenkohlröschen je nach Größe zerteilen, Kerbel und feingewürfelten Schinken untermischen und mit Zitronensaft und den Würzzutaten würzen. Sahnedickmilch mit Kefir glattrühren und untermischen. Dazu Knäckebrot.

19.3 g Eiweiß, 10.3 g Fett, 31.7 g Kohlenhydrate (2.6 BE), 301 kcal (1259 kJ)

ZWISCHENDURCH:
MULTIVITAMINDRINK

100 g Multivitamin-Buttermilch
1 TL (3 g) Weizenkleie

Kleie unter die Buttermilch rühren.

3.2 g Eiweiß, 0.9 g Fett, 12.8 g Kohlenhydrate (1.1 BE), 76 kcal (318 kJ)

ABENDESSEN:
KARTOFFELGRATIN MIT BLUMENKOHL

300 g gegarter Blumenkohl
200 g gegarte Pellkartoffeln
1 Scheibe (30 g) gekochter Schinken ohne Fettrand
Pfeffer, Muskat, Salz
2 EL (10 g) feingehackte Kresse
1 EL (25 g) Sahnedickmilch
1 EL (10 g) geriebener Emmentaler

Blumenkohl in kleine Röschen teilen, Kartoffeln waschen, garen und pellen, dann in Scheiben schneiden. Mit Blumenkohlröschen, gewürfeltem Schinken, den Würzzutaten, der gehackten Kresse und der Sahnedickmilch mischen, dann in eine hitzefeste Form geben. Käse darüberstreuen. Im vorgeheizten Backofen bei 200°C überbacken, bis der Käse schmilzt.

20.4 g Eiweiß, 12.8 g Fett, 41.7 g Kohlenhydrate (3.5 BE), 344 kcal(1439 kJ)

Insgesamt: 66.3 g Eiweiß, 35.9 g Fett, 156.7 g Kohlenhydrate (13.1 BE), 1210 kcal (5063 kJ)

3. Tag

FRÜHSTÜCK:
NUßKNACKER-MÜSLI

1 kleiner Apfel (100 g)
1 kleine Birne (100 g)
1 EL Rosinen (10 g)
1 gehäufter EL (15 g) grobgehackte Nüsse (z.B. Haselnüsse)
1 TL (5 g) geriebene Mandeln
1 TL (3 g) Kleie
100 g fettarmer Kefir
Süßstoff

Apfel und Birne waschen, würfeln und mit Nüssen, Mandeln und Kleie mischen. Kefir mit Süßstoff verrühren und darübergeben.

8.1 g Eiweiß, 14.6 g Fett, 34.3 g Kohlenhydrate (2.9 BE), 304 kcal (272 kJ)

ZWISCHENDURCH:
TOMATENKNÄCKEBROT

2 Scheiben (à 10 g) Knäckebrot
2 TL (10 g) Halbfettmargarine
1 Tomate (70 g)
2 EL (10 g) Kresse
Pfeffer, etwas Salz

Knäckebrotscheiben jeweils mit Halbfett bestreichen, auf eine Scheibe Tomatenscheiben und Kresse geben, würzen und die zweite Scheibe darauflegen. Einpacken und mitnehmen.

3.3 g Eiweiß, 4.6 g Fett, 15.5 g Kohlenhydrate (1.3 BE), 118 kcal (494 kJ)

MITTAGESSEN:
KARTOFFELSALAT MIT GURKE

300 g gekochte Kartoffeln
1 kleiner Apfel (100 g)
1 Stück Salatgurke (100 g)
2 EL (20 g) Zitronensaft
100 g Dickmilch, 3.5% Fett
1 TL (5 g) Senf, mittelscharf
Pfeffer, Salz, Muskat
2 EL (10 g) Schnittlauchröllchen

Kartoffeln waschen, kochen, pellen und etwas abgekühlt in Scheiben schneiden. Apfel und Gurkenstück waschen, fein würfeln und unter die Kartoffelscheiben mischen. Aus den übrigen Zutaten ein Dressing bereiten und den Salat damit anmachen. Einpacken und mitnehmen.

11.6 g Eiweiß, 4.9 g Fett, 66.0 g Kohlenhydrate (5.5 BE), 360 kcal (1506 kJ)

ZWISCHENDURCH:
MULTIVITAMIN-BUTTERMILCH

150 g Multivitamin-Buttermilch

4.1 g Eiweiß, 1.1 g Fett, 18.8 g Kohlenhydrate (1.6 BE), 107 kcal (448 kJ)

ABENDESSEN:
BELEGTE BROTE, ORANGEN-MILCH-DRINK

3 Scheiben (à 10 g) Knäckebrot
2 TL (10 g) Halbfettmargarine
1 Scheibe (25 g) Geflügelsülze (z.B. Hähnchenbrust in Aspik)
1 Scheibe (25 g) Edamer, 30% F.i.Tr.
1 Gewürzgurke (25 g)
1 kleine Tomate (50 g)
1 TL (5 g) Meerrettich (Glas)
1 EL (30 g) Magerquark
Pfeffer, wenig Salz
0.13 l Orangen-Milch-Getränk (Rest vom 1. Tag), Mineralwasser

Auf zwei Knäckebrotscheiben die Halbfettmargarine streichen, eine mit Geflügelsülze und Gurkenscheiben, die andere mit Käse und Tomatenscheiben belegen. Auf die dritte Knäckebrotscheibe Meerretttich und Quark verteilen, würzen. Orangen-Milch-Getränk mit Mineralwasser auffüllen.

28.1 g Eiweiß, 10.1 g Fett, 27.9 g Kohlenhydrate (2.3 BE), 295 kcal (1234 kJ)

Insgesamt: 55.2 g Eiweiß, 35.3 g Fett, 162.5 g Kohlenhydrate (13.5 BE), 1184 kcal (4954 kJ)

4. Tag

FRÜHSTÜCK:

VOLLKORNBROT MIT KONFITÜRE

1 Scheibe (45 g) Roggenvollkornbrot
2 EL (50 g) Magerquark
2 TL (20 g) Konfitüre
150 g Reine Buttermilch
100 ml Grapefruitsaft (evtl. frischgepreßt)
1 TL (3 g) Weizenkleie
Süßstoff

Brot mit Quark und Konfitüre bestreichen. Buttermilch mit Grapefruitsaft und Kleie mixen, mit Süßstoff abschmecken.

16.9 g Eiweiß, 2.1 g Fett, 49.2 g Kohlenhydrate (4.1 BE), 292 kcal 1222 kJ)

ZWISCHENDURCH:

KNÄCKEBROT MIT GEFLÜGELSÜLZE

2 Scheiben (20 g) Knäckebrot
1 TL (5 g) Halbfettmargarine
Salatblatt
1 Scheibe (25 g) Geflügelsülze (z.B. Hähnchenbrust in Aspik)
1 kleine Gewürzgurke (20 g)

Eine Scheibe Knäckebrot mit Halbfett bestreichen, die zweite mit Salatblatt belegen, darauf die Geflügelsülze und die in Scheiben geschnittene Gurke legen. Die Scheiben zusammenlegen, mitnehmen.

7.3 g Eiweiß. 3.6 g Fett, 14.1 g Kohlenhydrate (1.2 BE), 119 kcal (498 kJ)

MITTAGESSEN:

ROHKOSTTELLER

100 g Speisequark, 20% F.i.Tr.
2 EL (20 g) Reine Buttermilch
Pfeffer, Salz
2 EL (10 g) Schnittlauchröllchen
1 Vollkornbrötchen (50 g)
½ Bund Radieschen (50 g)
1 Stück Salatgurke (200 g)
2 EL (10 g) Dill
1 Flasche (0.33 l) Orangen-Milch-Getränk (mit Süßstoff)

Quark mit Buttermilch glattrühren, mit Pfeffer und Salz würzen und mit Schnittlauch bestreuen. Einpacken und mitnehmen. Radieschen waschen, putzen und in Scheiben schneiden, Gurke waschen, hobeln und zusammen mit den Radieschen und dem Dill einpacken. Im Büro auf einem Teller anrichten, mit Dill bestreuen und evtl. würzen. Brötchen halbieren und mit dem Quark bestreichen. Dazu das Orangen-Milch-Getränk trinken.

23.5 g Eiweiß, 6.8 g Fett, 43.7 g Kohlenhydrate (3.6 BE), 334 kcal (1397 kJ)

ZWISCHENDURCH:

1 Banane (125 g geschält)

1.4 g Eiweiß, 0.3 g Fett, 23.5 g Kohlenhydrate (2.0 BE), 101 kcal 423 kJ)

ABENDESSEN:

SCHWEINESCHNITZEL, REIS UND SALAT

40 g Naturreis (Rohgewicht)
1 Schweineschnitzel (100 g)
Pfeffer, Salz, Paprika
1 TL (5 g) Butter
100 g Kopfsalat
½ Bund Radieschen (50 g, geputzt)
2 EL (10 g) Dill
½ kleine Zwiebel (10 g)

2 EL (20 g) Reine Buttermilch
2 EL (20 g) Zitronensaft, Süßstoff

Reis körnig kochen. Fleisch würzen, in beschichteter Pfanne in Butter braten. Den Salat waschen, putzen und zerpflücken. Die Radieschen hobeln und unter den Salat mischen. Die übrigen Zutaten zu einem Dressing verrühren und den Salat damit anmachen.

27.0 g Eiweiß, 13.9 g Fett, 35.2 g Kohlenhydrate (2.9 BE), 376 kcal (1573 kJ)

Insgesamt; 76.1 g Eiweiß, 26.7 g Fett, 165.7 g Kohlenhydrate (13.8 BE), 1222 kcal (5113 kJ)

5. Tag

FRÜHSTÜCK:

KÄSEBROT, BLUTORANGEN-DRINK

1 Scheibe (45 g) Roggenvollkornbrot
1 TL (5 g) Halbfettmargarine
1 Scheibe (30 g) Edamer, 30% F.i.Tr.
1 Tomate (70 g)
Pfeffer, Paprika
1 Glas (0.2 l) Blutorangen-Drink

Brot mit Halbfett bestreichen, den Käse darauflegen und mit Tomatenscheiben garnieren. Würzen. Dazu den Blutorangen-Drink servieren.

12.3 g Eiweiß, 7.6 g Fett, 45.3 g Kohlenhydrate (3.8 BE), 315 kcal (1318 kJ)

ZWISCHENDURCH:

EXTRALEICHTER KIRSCHJOGHURT

1 Becher (200 g) Kirschjoghurt „extraleicht"

8.0 g Eiweiß, 0.2 g Fett, 16.2 g Kohlenhydrate (1.4 BE), 98 kcal (410 kJ)

MITTAGESSEN:

TOMATEN-MAIS-SALAT, VOLLKORNBROT

300 g Tomaten
3 EL (75 g) Maiskörner aus der Dose
1 kleine Zwiebel (20 g)
2 EL (20 g) Zitronensaft
2 EL (10 g) Schnittlauchröllchen
Pfeffer, Salz, Süßstoff
2 EL (50 g) Dickmilch, 3.5% Fett
1 EL (10 g) Reine Buttermilch
1 Scheibe (45 g) Roggenvollkornbrot
1 TL (5 g) Halbfettmargarine

Tomaten achteln und Mais sowie gehackte Zwiebel untermischen. Zitronensaft, Schnittlauch, Würzzutaten, Dickmilch und Buttermilch verrühren und Salat damit anmachen. Brot mit Halbfett bestreichen, zusammenlegen. Salat und Brot einpacken, mitnehmen.

12.9 g Eiweiß, 7.2 g Fett, 50.1 g Kohlenhydrate (4.2 BE), 319 kcal (1335 kJ)

ZWISCHENDURCH:

2 kleine Äpfel (200 g, ungeschält)

0.4 g Eiweiß, 1.2 g Fett, 21.8 g Kohlenhydrate (1.8 BE), 100 kcal (418 kJ)

ABENDESSEN:

BUNTER NUDELSALAT AUF LEICHTE ART

50 g Nudeln (Rohgewicht, z.B. Hörnchen)
1 kleine Paprikaschote (100 g, rot oder grün oder auch gemischt)
3 EL (75 g) Maiskörner aus der Dose
1 Gewürzgurke (25 g)
2 Scheiben (30 g) Truthahnwurst
1 EL milder Weißweinessig
ein Spritzer trockener Sherry, ein Tropfen Tabasco, Salz, Süßstoff
1 TL (10 g) Tomatenketchup
2 EL (50 g) Dickmilch, 3.5% Fett

Nudeln bißfest kochen, abschrecken und abkühlen lassen. Paprika waschen, putzen und fein würfeln, zusammen mit dem Mais unter die Nudeln mischen. Gurke fein würfeln, Wurst in feine Streifen schneiden, beides untermischen. Diie übrigen Zutaten zu einem Dressing verrühren und unter den Salat heben.

17.3 g Eiweiß, 6.1 g Fett, 58.2 g Kohlenhydrate (4.9 BE), 359 kcal (1502 kJ)

Insgesamt: 50.9 g Eiweiß, 22.3 g Fett, 191.6 g Kohlenhydrate (16.0 BE), 1191 kcal (4983 kJ)

SCHÖN, SCHLANK & GESUND

DIE SCHÖNE-HAUT-DIÄT

Eine richtige, kalorienbewußte Ernährung hilft uns nicht nur, die Pfunde im Griff und damit zugleich auch eine gute Figur zu behalten. Essen und Trinken spielen zugleich eine wichtige Rolle für unsere Schönheit. Nicht umsonst heißt es „Natürliche Schönheit kommt von innen“. Hautärzte, Kosmetik- und Ernährungsexperten wissen schon lange, daß gutes Aussehen sehr viel damit zu tun hat, wie wir uns ernähren. Eine gute Figur, schöne Haut, Zähne, Nägel und Haare sind daher nicht nur das Ergebnis äußerlicher Pflege. Es gehört zweifellos auch eine ausgewogenen Ernährung zum guten Aussehen.

Das Geheimnis vieler schöner Frauen und Männer ist leicht nachzuvollziehen: Eine ausgewogene, kalorienbewußte Kost – verbunden mit viel Sport und Bewegung – sorgt für die schlanke Figur. Vollwertige Ernährung, reich an Vitaminen, Mineralstoffen und Ballaststoffen, sowie Verzicht auf Alkohol und Nikotin schafft die Basis für die richtige Kosmetik von innen. Denn im Kampf gegen Falten sind Vitamine wahre Wundermittel. Wer seinen Körper ausreichend mit Vitaminen, Mineralstoffen, Spurenelementen, Ballaststoffen, Eiweiß und genügend Flüssigkeit versorgt, kann das Ergebnis schnell an Haut und Haaren spüren. Gerade unsere Haut reagiert sehr schnell, wenn es an der notwendigen Zufuhr von Nähr- und Aufbaustoffen mangelt.

Vitaminmangel äußert sich nicht nur in Form von trockener Haut, sondern auch durch Risse, Schuppen und Entzündungen. Blässe, welkes und ungesundes Aussehen sind oft die ersten Zeichen von Vitamin- und Mineralstoffmangel in Folge von Fehlernährung, vor allem, wenn durch einseitige Radikalkuren die Nährstoffversorgung gefährdet wird. Daher ist es gerade bei Abspeck-Kuren so wichtig, genügend Eiweiß, Vitamine, Mineralstoffe und Ballaststoffe zu sich zu nehmen.

Eine richtige Schönheitskur muß zwar mit den Kalorien geizen, zugleich aber alle wichtigen Nähr- und Aufbaustoffe liefern, die für Haut, Haare, Zähne und Nägel notwendig sind. Eine Umstellung der Ernährung ist daher notwendig: viel frisches Obst und Gemüse, fettarme Milch und Milchfrischprodukte, sowie leichte Fisch und Geflügelgerichte, Vollkornprodukte und ausreichend zu trinken sind das richtige Rezept für eine Schöne-Haut-Diät.

Kosmetik beginnt daher bereits von innen.

Dauer: 3 Tage
Energie: etwa 1200 kcal pro Tag
Mahlzeiten: 5 / Tag
alle Rezepte für 1 Person

1. Tag

FRÜHSTÜCK:
MILCHREIS MIT FRÜCHTEN

1 Becher (200 g) Leichtkost-Milchreis „natur“
kleiner Apfel (100 g)
50 g Erdbeeren
1 EL (10 g) Rosinen
1 EL Weizensprossen (aus 5 g Körnern)
1 Glas (150 ml) Multivitamin-Drink

Apfel kleinschneiden, Erdbeeren halbieren und die Früchte unter den Milchreis mischen. Rosinen und Sprossen unterheben und Milchreis mit dem Drink servieren.

9.4 g Eiweiß, 2.5 g Fett, 67.2 g Kohlenhydrate (5.6 BE), 332 kcal (1389 kJ)

ZWISCHENDURCH:
GURKENKEFIR

1 Stück (100 g) Salatgurke
1/2 Bund Dill, feingewiegt
1 EL (10 g) Zitronensaft
175 g fettarmer Kefir
weißer Pfeffer, Salz

Das Gurkenstück schälen, würfeln und zusammen mit den übrigen Zutaten kräftig durchmixen. Drink abschmecken und in ein Glas füllen, nach Belieben garnieren (evtl. mit einer Gurkenscheibe).

7.1 g Eiweiß, 2.8 g Fett, 10.7 g Kohlenhydrate (0.9 BE), 103 kcal (431 kJ)

MITTAGESSEN:
PIKANTE KEFIR-KALTSCHALE

1/2 Becher (= 250 g) fettarmer Kefir
1/2 Bund Dill, feingewiegt
1 EL (10 g) Zitronensaft
Pfeffer, Salz, Knoblauch
150 g Salatgurke
150 g Tomaten

1 kleine Zwiebel (20 g)
10 paprikagefüllte Oliven
1 Scheibe (10 g) Knäckebrot
1 EL (25 g) körniger Frischkäse
etwas Dill zum Garnieren

Kefir mit Dill, Zitronensaft und den Würzzutaten verquirlen und kaltstellen. Gurke und Tomaten waschen und würfeln, Zwiebel abziehen und fein hacken, dann diese Zutaten in eine Schale geben und den gutgekühlten Kefir darübergeben. Im Kühlschrank durchziehen lassen. Knäckebrot mit Frischkäse bestreichen und mit Dill garnieren. Zur Kaltschale servieren.

17.6 g Eiweiß, 11.9 g Fett, 30.2 g Kohlenhydrate (2.5 BE), 299 kcal (1251 kJ)

ZWISCHENDURCH:
RADIESCHENDRINK

1/2 Bund Radieschen (50 g)
1/2 kleine Zwiebel (10 g)
175 g fettarmer Kefir
1 EL (10 g) Zitronensaft
weißer Pfeffer, Salz
Schnittlauchröllchen zum Garnieren

Radieschen waschen, putzen und grob zerkleinern. Zwiebel abziehen, würfeln und mit den Radieschen, dem Zitronensaft und dem Kefir gut durchmixen. Drink würzen, in ein Glas füllen und mit Schnittlauch bestreuen.

7.2 g Eiweiß, 2.7 g Fett, 10.1 g Kohlenhydrate (0.8 BE), 100 kcal (418 kJ)

ABENDESSEN:
FITNESS-SALATPLATTE MIT KEFIRDRESSING

150 g Putenbrust
Pfeffer, Salz
1 TL (5 g) Pflanzenöl
100 g Tomaten
100 g Salatgurke
100 g Möhren
1/2 Bund (50 g) Radieschen
100 g Sellerie aus dem Glas (Streifen oder Scheiben)
5 EL (50 g) fettarmer Kefir
1 EL (10 g) Zitronensaft
Schnittlauchröllchen

Putenfleisch würzen, mit Öl einpinseln und in einer beschichteten Pfanne braten, dann in daumendicke Streifen schneiden. Tomaten achteln, Gurke hobeln, Möhren raspeln, Radieschen in Scheiben schneiden, Sellerie abtropfen lassen. Salatgemüse aus einer Platte anrichten, eine Sauce aus Kefir, Zitronensaft und Würzzutaten darüber verteilen. Mit Putenfleisch servieren.

42.7 g Eiweiß, 8.2 g Fett, 17.7 g Kohlenhydrate (1.5 BE), 314 kcal (1314 kJ)

Insgesamt: 84.0 g Eiweiß, 28.1 g Fett, 135.9 g Kohlenhydrate (11.3 BE), 1148 kcal (4803 kJ)

2. Tag

FRÜHSTÜCK:

MÜSLI „SCHÖNHEITSFARM"

100 g frische Aprikosen, entsteint
100 g Erdbeeren
1 kleine Karambole (ca. 100 g)
2 kleine Scheiben Ananas aus der Dose (70 g)
20 g Kleieflocken
10 g honigsüße Hefeflocken
150 g Reine Buttermilch

Frisches Obst waschen, putzen, Aprikosen entkernen, Ananasscheibe abtropfen lassen, dann die Früchte kleinschneiden und mit Kleie- und Hefeflocken mischen. Buttermilch darübergeben, Müsli kurz durchziehen lassen.

14.6 g Eiweiß, 3.5 g Fett, 55.3 g Kohlenhydrate (4.6 BE), 317 kcal (1326 kJ)

ZWISCHENDURCH:

APRIKOSEN-BUTTERMILCH

100 g frische Aprikosen
1 EL (10 g) Zitronensaft
150 g Reine Buttermilch
Süßstoff

Aprikosen waschen, entkernen und kleinschneiden. Mit den übrigen Zutaten durchmixen und Drink abschmecken.

6.6 g Eiweiß, 1.2 g Fett, 17.4 g Kohlenhydrate (1.5 BE), 115 kcal (481 kJ)

MITTAGESSEN:

KOPFSALAT MIT ERDBEEREN UND SPARGEL

250 g frischer Spargel
150 g Erdbeeren
100 g Kopfsalat
1 EL (10 g) Zitronensaft
Pfeffer, Salz, Süßstoff
etwas gewiegte Petersilie
1/2 Becher (= 87.5 g) Sahne-Dickmilch
1 Scheibe Toastbrot (25-30 g)
1 TL (5 g) Halbfettmargarine

Spargel waschen, putzen und schälen. Dann etwa 10 Minuten in Salzwasser garen, abschrecken und in 3-4 cm lange Stücke schneiden. Kopfsalat waschen, putzen und zerpflücken. Erdbeeren waschen, putzen und halbieren. Spargel, Salat und Erdbeeren mischen und das Dressing aus Sahnedickmilch, Zitronensaft und Würzzutaten unterheben. Dazu geröstetes Toastbrot, bestrichen mit Halbfett, servieren.

12.3 g Eiweiß, 13.5 g Fett, 31.9 g Kohlenhydrate (2.7 BE), 302 kcal (1264 kJ)

ZWISCHENDURCH:

KIRSCHDRINK

100 g frische Süßkirschen, entsteint
1 EL (10 g) Zitronensaft
150 g Reine Buttermilch
Süßstoff

Alle Zutaten im Mixer gut durchmixen, Drink abschmecken.

6.7 g Eiweiß, 1.4 g Fett, 21.3 g Kohlenhydrate (1.8 BE), 127 kcal (531 kJ)

ABENDESSEN:

APFEL-REISAUFLAUF

1 Apfel (125 g ungeschält)
1 Ei, getrennt (Gew.Kl. 4)
1 Becher (200 g) Leichtkost-Milchreis „natur"
1 TL (5 g) Zucker
etwas Zimt

Apfel waschen, Kernhaus entfernen und Fruchtfleisch würfeln. Ei trennen, Eigelb unter den Milchreis mischen, dann Apfelstücke unterheben. Eiweiß mit Zucker steifschlagen, unter den Reis heben und die Masse in eine kleine hitzefeste Form füllen. Im vorgeheizten Backofen bei 200° C etwa 15 Minuten backen. Mit Zimt bestreut servieren.

14.9 g Eiweiß, 28.5 g Fett, 43.7 g Kohlenhydrate (3.6 BE), 307 kcal (1284 kJ)

Insgesamt: 55.1 g Eiweiß, 28.5 g Fett, 169.6 g Kohlenhydrate (14.1 BE), 1168 kcal (4887 kJ)

3. Tag

FRÜHSTÜCK:
BEAUTY-BREAKFAST-MÜSLI

200 g Erdbeeren
1 kleine Banane (100 g geschält)
1 EL (10 g) Zitronensaft
8 EL (25 g) Cornflakes
1/2 Becher (250 g) fettarmer Kefir
Süßstoff

Erdbeeren waschen, putzen und kleinschneiden. Banane schälen, in Scheiben schneiden und mit der Hälfte der Erdbeeren, dem Zitronensaft und den Cornflakes mischen. Die Hälfte des Kefir über das Müsli geben, Rest mit den übrigen Erdbeeren verquirlen und Drink mit Süßstoff abrunden.

13.9 g Eiweiß, 5.2 g Fett, 65.7 g Kohlenhydrate (5.5 BE), 358 kcal (1498 kJ)

ZWISCHENDURCH:
ERDBEER-KEFIR

75 g Erdbeeren
ein Spritzer Zitronensaft
150 g fettarmer Kefir
Süßstoff

Erdbeeren waschen, putzen und mit den übrigen Zutaten durchmixen. Drink abschmecken.

6.2 g Eiweiß, 2.6 g Fett, 11.4 g Kohlenhydrate (1.0 BE), 101 kcal (423 kJ)

MITTAGESSEN:
MATJES IN DILLSAUCE

2 kleine Matjesfilets (75 g)
1 Bund Dill (20 g, gewiegt)
Pfeffer, etwas Salz
100 g fettarmer Kefir
1 Scheibe Roggenvollkornbrot (45 g)

Matjes in kleine Streifen schneiden. Dill, Pfeffer und Salz unter den Kefir rühren, die Matjes hinzugeben und das Ganze etwas durchziehen lassen. Mit Brot servieren.

19.9 g Eiweiß, 19.7 g Fett, 23.7 g Kohlenhydrate (2.0 BE), 354 kcal (1481 kJ)

ZWISCHENDURCH:
KRÄUTERBUTTERMILCH

200 g Reine Buttermilch
1 EL (10 g) Zitronensaft
1 TL (5 g) Meerrettich aus dem Glas oder frisch
3 EL frische, feingewiegte Kräuter (Petersilie, Kerbel, Dill, Schnittlauch, Pimpinelle etc.)
weißer Pfeffer

Alle Zutaten gut miteinander verquirlen, Drink etwas durchziehen lassen, dann abschmecken.

8.0 g Eiweiß, 1.7 g Fett, 10.5 g Kohlenhydrate (0.9 BE), 100 kcal (418 kJ)

ABENDESSEN:
MELONE MIT SCHINKEN

3 Spalten Honigmelone (200 g ohne Schale und Kerne)
30 g roher Schinken (in dünnen Scheiben, ohne Fettrand)
150 g Multivitamin-Buttermilch
2 TL (5 g) Weizenkleie

Melonenspalten von den Kernen befreien und mit dem Schinken anrichten. Dazu die Multivitamin-Buttermilch, verquirlt mit Kleie, servieren.

11.1 g Eiweiß, 12.1 g Fett, 44.1 g Kohlenhydrate (3.7 BE), 335 kcal (1402 kJ)

Naturkosmetik leicht gemacht

Aber auch von außen hilft uns die Natur, wenn es um Haut und Haare und damit um die Schönheit geht: mit Pflanzen und Nahrungsmitteln mit heilender und kosmetischer Wirkung. Daß es auf beides ankommt, wußten bereits die schönen Frauen der Antike und des Mittelalters. Ob ein betörender Duft, große, glänzende Augen, eine Haut wie Samt und Seide oder weiches schimmerndes Haar, Pflanzenextrakte, Öle und nicht zuletzt Milchprodukte stehen schon seit Jahrtausenden im Dienste der Schönheit.

Am bekanntesten sind wohl Milchbäder. Schon Kleopatra badete oft und gerne in Eselsmilch. Heutzutage wäre das eine sehr kostspielige Angelegenheit. Aber wenn es um die Schönheit ging, kannte Kleopatra offensichtlich keine Grenzen. Einmal kredenzte sie dem römischen Feldherrn Antonius einen sehr kostbaren Mineraldrink: Die schönste Perle aus ihrem Ohrgehänge, aufgelöst in Weinessig und aromatisiert mit duftenden Kräutern. Ein Schönheits-Cocktail im Wert von zehn Millionen Sesterzen. Heute ist es wesentlich preiswerter, calciumreiche Mineraldrinks zu servieren – ein Buttermilch- oder Joghurtdrink ist zugleich sicherlich auch wesentlich wohlschmeckender. Auch in puncto Milchbad helfen uns heute ein paar Becher Buttermilch, die wir statt Eselmilch verwenden können.

Im Gegensatz zu früher wissen wir heute aufgrund chemischer Analysen, welche Substanzen kosmetische Wirkung haben und wie wir sie am besten in der Naturkosmetik einsetzen. Naturkosmetik läßt sich deshalb ganz individuell für jeden Hauttyp herstellen und – sogar selber machen. Denn die Zutaten für Masken, Peelings, Bäder und Packungen sind heutzutage überall erhältlich.

Selbstgemachte Naturkosmetik ist preiswert und stets frisch. Sie bietet eine nicht zu unterschätzende Sicherheit für unsere Haut: Wir wissen nämlich, was drin steckt. Besonders wichtig ist dies bei empfindlichen Hauttypen und bei einer Neigung zu Allergien.

Gönnen sie sich also eine „Schöne-Haut-Diät". Mit leichten, kalorienreduzierten Gerichten, erfrischenden und regenerierenden Bädern und Masken aus natürlichen Zutaten und Inhaltsstoffen. Wichtige Nähr- und Aufbaustoffe bilden die Basis für Kosmetik von Innen und Außen.

Naturkosmetik leichtgemacht

Kräuter, Früchte, Eier und Milchfrischprodukte - das sind die wichtigsten Bestandteile für Packungen und Masken, die man zuhause leicht herstellen kann.

Für normale bis trockene Haut

BUTTERMILCH-GURKEN-MASKE

3 EL Magerquark
Reine Buttermilch zum Glattrühren
einige Scheiben frische Gurken

Quark mit Buttermilch glattrühren und die Masse auf das Gesicht auftragen. Dann flach hinlegen und das Gesicht dicht mit Gurkenscheiben belegen. Etwa 20 Minuten einwirken lassen, dann die Gurkenscheiben abnehmen und den Quark abspülen. Die Maske bleibt durch die Gurkenauflage schön feucht und erfrischt die Haut.

Für normale Haut wie für müde und abgespannte Haut ideal, erfrischend und glättend

BUTTERMILCH-QUARK-MASKE

4 EL Magerquark
Reine Buttermilch zum Glattrühren

Quark mit Buttermilch glattrühren und dick auf das gereinigte Gesicht auftragen. 15 – 20 Minuten antrocknen lassen, dann mit viel lauwarmen Wasser abwaschen. Gesichtswasser, Tagescreme und Make-up auftragen.

Für normale bis trockene Haut

ERDBEER- BZW. HIMBEER-BUTTERMILCH-MASKE

2 EL Magerquark
2 EL Reine Buttermilch
5-6 Erd- oder Himbeeren

Quark mit Buttermilch glattrühren, die geputzten Beeren zerdrücken und gut untermischen. Die Masse auf das Gesicht auftragen und ca. 20 Minuten einwirken lassen. Dann mit Kosmetiktüchern entfernen und das Gesicht mit klarem Wasser abspülen.

Für trockene Haut

BUTTERMILCH-AVOCADO-MASKE MIT KRÄUTERN

1/2 Avocado
1 EL Magerquark
1-2 EL Reine Buttermilch
1/2 Bund frische Petersilie

Avocadohälfte pürieren, mit Quark und Buttermilch zu einer Paste verarbeiten und die feingewiegte Petersilie untermischen. Die Masse auf das Gesicht auftragen, ca. 15 Minuten einwirken lassen und dann mit Kosmetiktüchern abnehmen. Mit warmen Wasser abspülen, Gesicht dann mit Gesichtswasser abtupfen.

Für trockene, reife Haut

BUTTERMILCH-AVOCADO-MASKE

1/2 Avocado
1 TL Zitronensaft
1 EL Magerquark
Reine Buttermilch zum Glattrühren

Avocadofleisch pürieren, mit Zitronensaft, Quark und Buttermilch glattrühren und dick auf das gereinigte Gesicht auftragen. 20 Minuten einwirken und etwas antrocknen lassen, dann mit klarem Wasser entfernen. Gesicht mit Gesichtslotion abtupfen und wie gewohnt eincremen.

Für normale Haut und Mischhaut

BUTTERMILCH-KAROTTEN-MASKE

2 junge Karotten
2 EL Magerquark
Reine Buttermilch zum Glattrühren

Karotten fein reiben oder im Mixer pürieren, dann das Mus mit Quark und Buttermilch zu einer gleichmäßigen Paste verrühren. Auf das Gesicht auftragen und 20 Minuten einwirken lassen. Dann mit lauwarmem Wasser abspülen. Erfrischender wirkt die Maske, wenn der glattgrührte Quark aufgetragen und das Gesicht mit hauchdünnen Karottenscheiben abgedeckt wird.

BAUKA

Meine W

* *Alle 10 Tageskuren mit insgesamt 50 Rezepten auf einen Blick* * *Rezepte zur Auswahl und zum Selberkombinieren für jeden Ge*

Mit dem Diät-Baukasten können Sie sich Ihre persönliche Wunschdiät zusammenstellen. Ga Vorschlägen 5 Mahlzeiten aus, nämlich ein Frühstück, zwei Zwischenmahlzeiten, ein Mittag- und ein Abendessen selbst am besten schmeckt und können angebr

Frühstücksvorschläge	Seite	Zwischendurch	Seite	Mittagessen	Seite
Bananen-Pumpernickel mit Quark, Bananendrink **293 kcal**	28	Bananen-Kiwi-Salat **123 kcal**	28	Bananen-Reisauflauf **353 kcal**	28
Erdbeer-Milchreis-Müsli **272 kcal**	29	Erdbeer-Orangen-Shake **118 kcal**	29	Vorspeisensalat mit Erdbeeren, Lebertoast **367 kcal**	29
Tomatenbrot, Joghurt und Tomatensaft **299 kcal**	30	Tomatenkefir **115 kcal**	30	Gemüse-Eintopf **357 kcal**	30
Gurkenbrot mit Kräuterfrischkäse **313 kcal**	31	Gurkenkefir **114 kcal**	31	Gefüllte Gurke, überbacken **388 kcal**	32
Ananas-Kefir-Müsli **301 kcal**	32	Würziger Kräuterkefir **105 kcal**	32	Frische Gemüse-Kefirkaltschale **361 kcal**	33
Möhren-Apfel-Müsli, Vitamindrink **327 kcal**	34	Kräuterdrink mit Rohkostspieß **110 kcal**	34	Rohkost-Salatplatte **227 kcal**	34
Fruchtsalat, Apfelknäcke **317 kcal**	35	Radieschen-Zucchini-Rohkost **99 kcal**	35	Bunte Salatplatte mit Schinken **359 kcal**	35
Herzhaftes Tomatenbrot, Kräuterdrink **298 kcal**	37	Tomatensalat mit Frischkäse **113 kcal**	37	Schinkenreis mit Tomaten **345 kcal**	37
Trauben-Birnen-Müsli **298 kcal**	38	Trauben-Buttermilch **118 kcal**	38	Salatcocktail mit Weintrauben **363 kcal**	39
Orangen-Vollkorn-Müsli **305 kcal**	40	Mandarinen-Shake **119 kcal**	40	Kalbgeschnetzeltes mit Orangen-Curry-Sauce **347 kcal**	40

ASTEN

nschdiät

*mack * Jedes Rezept mit Kalorienangabe * Mit Seitenverweis zum raschen Auffinden * Drei Beispiele zum besseren Verständnis*

ach Geschmack, nach Vorrat, Zeitaufwand, Lust und Laune! Täglich wählen Sie aus unseren
sere Beispiele zeigen, wie es gemacht wird! So brauchen Sie keinen festen Diätplan mehr, essen das, was Ihnen
ne Packungen oder Reste besser aufbrauchen.

Zwischendurch	Seite	Abendessen	Seite
Bananen-Vitamin-Cocktail **115 kcal**	28	Würziger Bananen-Gemüsesalat **312 kcal**	28
Erdbeer-Dickmilch **142 kcal**	30	Erdbeer-Quarkspeise **297 kcal**	30
Dickmilch mit Mixed Pickles **127 kcal**	31	Kartoffel-Gemüse-Gratin **329 kcal**	31
Gurkenrohkost **95 kcal**	32	Herzhafte Gurkenkaltschale **287 kcal**	32
Fruchtcocktail mit Zimtkefir **133 kcal**	33	Herzhaftes Pfannengemüse, überbacken **300 kcal**	33
Chicorée-Cocktail **129 kcal**	34	Bunter Bohnensalat **395 kcal**	35
Kräuterkefir **109 kcal**	36	Bunter Kartoffelsalat mit Ei **312 kcal**	36
Tomaten-Kefirdrink **118 kcal**	38	Tomatensalat mit Schafkäse-Kräuter-Sauce und Weißbrot **330 kcal**	38
175 g Weintrauben **128 kcal**	40	Herzhafter Frischkäse mit Weintrauben **294 kcal**	40
Blutorangen-Bananen-Drink **119 kcal**	41	Großer Früchteteller **311 kcal**	41

Beispiel für Tages-Wunschdiäten / kcal insgesamt

Morgens muß es schnell gehen! Ein fix und fertiger Milchreis mit Früchten ist für mich ein gesunder Start in den Tag. Zwischendurch mag ich einen pikanten Drink, und mittags sollte etwas Warmes auf den Tisch kommen. Nachmittags reicht mir dann eine fruchtige Dickmilch und abends mag ich am liebsten Gemüse. Ein solcher Diättag nach meinem Geschmack hat nur 1205 kcal!

Ein Bananenfrühstück gibt mir die richtige Energie am Morgen. Im Büro esse ich dann einen erfrischenden Fruchtsalat. Und weil ich gerne Überbackenes mag, gibt es heute gefüllte Gurke. Für zwischendurch ist Obst sehr praktisch. Abends gibt's überbackenes Pfannengemüse. Mein Diättag hat alles in allem nur 1232 kcal!

Morgens mag ich' s pikant! Wie wäre ein herzhaftes Tomatenbrot? Vormittags erfrischt mich ein Erdbeershake, und mittags wähle ich gerne Salat mit einem herzhaften Toast. Nachmittags paßt ein Rohkostteller, und am Abend esse ich am liebsten einen würzigen Salat. Macht zusammen köstliche 1247 kcal!

Mehl
Zucker
250 ml
200 ml
125 ml
100 ml
SOEHNLE
ENERGIE
OBST UND OBSTPRODUKTE
Ananas, roh
in Dosen, extra heavy
Saft, ungesüßt
Apfel, geschält, roh
ungeschält, roh
Gelee
getrocknet (geschwefelt)
Mus, ungezuckert
Saft
Apfelsine, roh
Konfitüre
+ = in Spuren, (0) = praktisch nicht vorhanden
38

DAS HANDWERKSZEUG ZUM ABNEHMEN

Schlankheitskuren von A bis Z
Gewichte, Maße und Portionen

Das Handwerkszeug zum Abnehmen

Über die richtige Einstellung, die erfolgreiches Abnehmen erst möglich macht, und über kalorienarme Rezepte haben wir bereits ausgiebig geschrieben. Es gibt aber noch ein paar Kleinigkeiten, die jeder Abspeckwillige wissen oder haben sollte. Gemeint sind die "Hilfsmittel" zum Abnehmen!

Zunächst brauchen wir eine vernünftige ***Personenwaage.*** Am besten, Sie investieren gleich ein paar Mark und kaufen sich ein Modell, das das Gewicht in Hundertgramm-Schritten angibt. So wird die genaue Gewichtskontrolle ganz wesentlich erleichert.
Denken Sie daran, sich immer zur gleichen Tageszeit zu wiegen, beispielsweise vor dem Frühstück oder vor dem Schlafengehen. Dadurch werden Gewichtsschwankungen weitgehend ausgeschlossen. Am besten wiegen Sie sich morgens nach dem Gang zur Toilette, ohne Kleidung und natürlich vor dem Frühstück.

Sinnvoll ist natürlich auch eine Diät-***Küchenwaage.*** Es gibt mittlerweile Küchenwaagen, die aufs Gramm genau wiegen und die abgewogene Menge digital anzeigen. Praktischer und genauer geht es kaum noch. Diese Waage sollten Sie nicht nur zum Abwiegen der einzelnen Zutaten Ihrer Rezepte benutzen. Wiegen Sie ruhig auch alle anderen Lebensmittel vor dem Essen ab. Der Vorteil: Sie lernen rasch, mit Mengen und Gewichten umzugehen. Schon bald können Sie sehr sicher abschätzen, ob ein Apfel 100 g, 150 oder 175 g wiegt. So bekommen Sie rasch ein Gefühl für die Gewichte der Lebensmittel und für die Mengen, die Sie für die Zubereitung benötigen.

Wer ***fettarm kochen*** und braten will, kommt um die Anschaffung guter Töpfe und Pfannen nicht herum. Eine beschichtete Pfanne hilft wirklich, viel Fett zu sparen. Oft reicht es völlig aus, ein Stück Fleisch nur mit ein paar Tropfen Öl zu bestreichen - und nichts brät an. Das klappt allerdings nur bei wirklich guten Beschichtungen, die weder verkratzt noch beschädigt sind. Sparen Sie also nicht an einer guten Pfanne, schließlich hält sie sehr lange und hilft Ihnen beim Kaloriensparen. Gleiches gilt natürlich auch für die Töpfe.
Mit einem Schnellkochtopf haben Sie wesentlich kürzere Garzeiten und schonen damit die Vitamine. Denken Sie auch daran, daß gutes Material nicht nur langlebiger ist und schöner aussieht, sondern auch deutlich bessere Kocheigenschaften besitzt. Zu jedem Topf gehört übrigens auch ein Deckel – und der sollte genau passen und dicht aufliegen.

Zum Abmessen von Öl, Mehl, Grieß, Haferflocken und anderen Produkten sollten Sie ***stets den gleichen Löffel verwenden.*** Achten Sie mal darauf, wieviele verschieden große Löffel in Ihrem Haushalt sind! Nur bei Verwendung gleicher Löffel können Sie sichergehen, in etwa die gleichen Mengen zu erhalten. Wenn Sie Mengen nach "Tassen" abmessen, sollten Sie natürlich auch stets die gleiche Tasse verwenden. Besser als das "Tassenmaß", das recht ungenau ist, ist ein Meßbecher. Achten Sie darauf, daß nicht zuviele Skalen auf dem Becher eingezeichnet (das kann ganz schön verwirren!) und die Angaben auch nach häufigem Spülen gut lesbar sind.

Noch ein Tip: Zum richtigen Handwerkszeug gehören auch dichtschließende ***Plastikboxen*** oder Behälter. die sich zum Frischhalten und Aufbewahren eignen. Solche Behältnisse sind recht praktisch, wenn Sie abends eine zusätzliche Portion Salat zubereiten. Gut verpackt können Sie den Salat als Büromahlzeit für den nächsten Tag einplanen – ohne viel Aufwand. Auch alle Früchte, Fruchtsalate und Müslis lassen sich auf diese Art gut mitnehmen.

Jetzt fehlt nur noch eine gute ***Kalorientabelle!*** Übersichtlich und ausführlich sollte sie sein, und natürlich aktuell. Denn im Laufe der Zeit verändern sich nicht nur die Nährstoffgehalte unserer Lebensmittel, auch die Analyseverfahren werden ständig verbessert – deshalb müssen die Werte ständig auf den neuesten Stand der Wissenschaft gebracht werden. Wer eine ältere Nährwettabelle besitzt, sollte sich auf jeden Fall eine neue kaufen. Die Anschaffung lohnt sich, zumal mit jeder Neuauflage auch neue Lebensmittel in die Tabellen aufgenommen werden. Folgende Nachschlagewerke können wir Ihnen empfehlen:

1. DIE GROSSE GU-NÄHRWERT-TABELLE, erschienen im Verlag Gräfe & Unzer, München. Diese Tabelle wird regelmäßig aktualisiert. Sie enthält in übersichtlicher Form nicht nur den Nährwertgehalt (in kcal und kJ) der einzelnen Lebensmittel, sondern auch Angaben zum Gehalt an Eiweiß, Fett, Kohlenhydraten, Ballaststoffen, Cholesterin, Mineralien und Vitaminen.

2. KALORIEN MUNDGERECHT, erschienen im Umschau-Verlag Frankfurt. Auch dieses Tabellenwerk wird regelmäßig aktualisiert. Zusätzlich zu den Nährwerten und den Nährstoffgehalten weist es auch die Broteinheiten (BE) aus, eine für Diabetiker wichtige Meßgröße. Ein großer Vorteil dieser Tabelle liegt darin, daß sie viele Fertigprodukte (TK, Konserven, Fertiggerichte) enthält, dabei sind die Werte direkt auf die jeweilige Portionsgröße berechnet.

3. GU KOMPASS NÄHRWERTE, vom Gräfe & Unzer-Verlag München. Diese praktische Broschüre enthält den Energiegehalt und die Werte der Hauptnährstoffe vieler Lebensmittel, berechnet für die jeweilige Portionsgröße.

4. KLEVERS KALORIEN / JOULE KOMPASS, erschienen bei Gräfe & Unzer München. Zwar enthält dieses Büchlein nur die Kalorien- und

Jouleangabe der Lebensmittel, doch sind hier ausgesprochen viele Produkte zu finden, vor allem sehr viele Fertig- und Markenprodukte mit dem Herstellernamen.

5. Hilfreich und nützlich sind auch ***Kalorientabellen,*** die von den großen Lebensmittelherstellern herausgegeben werden und dort meist kostenlos oder gegen eine kleine Gebühr angefordert werden können. So zum Beispiel:

➻ Nährwerttabelle von Dr. August Oetker, 4800 Bielefeld 1

➻ Nährwertbroschüre von UNION DEUTSCHE LEBENSMITTELWERKE GmbH, 2000 Hamburg 36

➻ Kalorienführer Milch und Milchfrischprodukte von Molkerei Alois Müller GmbH & Co., 8935 Aretsried

➻ Nährwerttabellen von NESTLÉ Ernährungsberatung, 8000 München 80

Ferner gibt es von vielen Frauenzeitschriften recht brauchbare Nährwert- und Kalorienübersichten, meist im praktischen Taschenformat. So zum Beispiel geben FREUNDIN, PRIMA und CARINA – um nur einige zu nennen – immer wieder überarbeitete Tabellen heraus, die der Zeitschrift beigeheftet sind.

Wer sich noch intensiver mit den Inhaltstoffen unserer Lebensmittel beschäftigen möchte, dem empfehlen wir folgendes Nachschlagewerke:

➻ Empfehlungen für die Nährstoffzufuhr, Deutsche Gesellschaft für Ernährung, Umschau-Verlag, Frankfurt / Main

➻ Der kleine Souci-Fachmann-Kraut, Deutsche Forschungsanstalt für Lebensmittelchemie, Garching bei München.

DIÄTEN VON A – Z

Atkins-Diät

Viel Fett und Eiweiß – möglichst keine Kohlenhydrate, keine Beschränkung der Kalorienzufuhr. Darauf baut die von Dr. Robert C. Atkins entwickelte „Atkins-Diät" auf. Der Vorteil liegt in der raschen, anhaltenden Sättigung. Trotzdem ist von der Atkins-Diät abzuraten: Verzicht auf Obst und Gemüse heißt zugleich, auf Vitamine, Mineralstoffe und Ballaststoffe verzichten. Mit Stoffwechselstörungen und Verstopfung muß daher gerechnet werden.

Brigitte-Diät

Eine ausgewogene Diät, die auf eine kontinuierliche Gewichtsreduzierung setzt. Eiweiß, Fett und Kohlenhydrate sind in einem vernünftigen Verhältnis enthalten – und damit auch reichlich Vitamine, Mineralstoffe und Ballaststoffe.

Cooley-Diät

Diese Diät setzt auf viel Eiweiß, wenig Kohlenhydrate und möglichst kein Fett. Mit nur 750 kcal pro Tag ist die Cooley-Diät eine radikale Hungerkur, die maximal zehn Tage dauern sollte. Der anfängliche Gewichtsverlust ist zwar enorm, Mangelerscheinungen sind aber vorprogrammiert. Ohne ärztliche Betreuung ist von der Cooley-Diät abzuraten

Dr. Haas-Diät

Möglichst viele Kohlenhydrate, wenig Fett und Eiweiß bei maximal 1000 kcal. Das sind die Charakteristika der von Dr. Robert Haas entwickelten Diät. Da pflanzliches Eiweiß den Vorzug erhält, ist die Versorgung mit Ballaststoffen, Vitaminen und Mineralstoffen einigermaßen sichergestellt, lediglich bei Calcium, Eisen und Zink gibt es bei längerer Anwendung Anlaß zur Sorge.

Eiweiß-Diät

Viel Eiweiß, wenig Fett und Kohlenhydrate, darauf setzt diese in den sechziger Jahren entwickelte Diät. In den ersten beiden Wochen sind die Gewichtsverluste bei maximal 1200 kcal beträchtlich, danach nur noch gering. Ansonsten überwiegen die Nachteile der Eiweiß-Diät – sie belasten erheblich den Stoffwechsel, und die Versorgung mit Nähr- und Aufbaustoffen ist nicht optimal.

Fit-for-Life-Diät

Diese von Harvey und Marilyn Diamond entwickelte Ernährungsphilosophie ist eine Modifikation der Trennkost. Fit-for-Life kennt keine Kalorienbeschränkung. Eiweiß und Kohlenhydrate sollten nicht gleichzeitig aufgenommen werden. Fett sollte gemieden werden. Von dieser Diät rät selbst die konservative DGE (Deutsche Gesellschaft für Ernährung) ab.

Hollywood-Diät

Mit maximal 800 kcal pro Tag ist die Hollywood-Diät eine der klassischen Radikalkuren. Sie setzt zudem auf eine möglichst eiweißreiche Ernährung mit geringem Kohlenhydratanteil. Die Hollywood-Diät ist mit Vorsicht zu betrachten, sie eignet sich nur kurzfristig zur Gewichtsabnahme. Eine Unterversorgung mit Vitaminen und Ballaststoffen ist vorprogrammiert.

Iß-das-Richtige-Diät (IdR-Diät)

Diese Diät ist langfristig ideal für alle, die auf gesunde Weise und auf Dauer abnehmen wollen, und entspricht in ihren Prinzipien genau dem, was in diesem Buch beschrieben wird. Sie setzt nicht auf FdH (Friß die Hälfte), sondern auf eine langfristig ausgewogene Ernährung. Alle Nährstoffe, dazu Vitamine, Mineralien und Ballaststoffe sind trotz wenig Kalorien ausreichend enthalten. IdR enthält vor allem viele frische Lebensmittel wie Obst, Gemüse, Salat, Milch und Milchfrischprodukte, aber auch Vollkornerzeugnisse, mageres Fleisch, Fisch und Geflügel.

Lutz-Diät

Bei dieser Diät gibt es viel Eiweiß und Fett, aber relativ wenig Kohlenhydrate, die hauptsächlich aus Obst, Salat, Gemüse und Hülsenfrüchten stammen sollten. Brot ist bei dieser Diät, die pro Tag maximal 1200 kcal enthält, praktisch verboten. Der Nachteil der Lutz-Diät liegt in der mangelhaften Versorgung mit Ballaststoffen sowie in einer Steigerung der Blutfett- und Cholesterinwerte.

Null-Diät

ist die älteste Diät überhaupt. Seit alters her ist sie als strenges Fasten bekannt. Auf Nahrung wird vollständig verzichtet, lediglich kalorienfreie Getränke sind erlaubt. Der Gewichtsverlust ist enorm, allerdings auch das gesundheitliche Risiko. Eine Nulldiät sollte daher nur von jungen, gesunden Menschen und stets unter ärztlicher Kontrolle durchgeführt werden.

Obst-Diät

Obst in allen Formen und Varianten – und soviel man will! Eine solche Kur hat viele Vorteile: Obst liefert reichlich Vitamine, Mineralstoffe und Ballaststoffe. Zudem sättigt es relativ gut. Meist werden pro Tag 1000–1500 kcal aufgenommen, hauptsächlich in Form von Kohlenhydraten. Da die Eiweiß- und Fett versorgung auf Dauer zu kurz kommt, wird die Obst-Diaät praktisch nur als Kurzkur empfohlen. Es sei denn, wir werten sie mit fettarmen Milchprodukten auf.

Pritikin-Diät

Die von Nathan und Ilene Pritikin entwickelte Diät ist extrem fett- und natriumarm. Maximal 1000 kcal täglich sind erlaubt. Über ein zusätzliches Bewegungsprogramm werden zudem weitere Kalorien verbrannt. Von der Anlage her ist die Pritikin-Diät sinnvoll: viele komplexe Kohlenhydrate aus Obst, Gemüse, Kartoffeln und Vollkorngetreideprodukten, dazu auch Milchfrischprodukte und etwas Fleisch. Zucker, Salz und Alkohol sind völlig verboten. Es wundert deshalb nicht, daß die Gewichtsverluste enorm sind. Langfristig ist diese Diät aber nur schwer durchzustehen.

Reis-Diät

Sie ist einfach und wirkungsvoll: Reis entwässert den Körper und sättigt gut. Zusammen mit Obst und Gemüse ist die Reis-Diät recht einfach und zugleich abwechslungsreich. Da jedoch Eiweiß und Fett zu kurz kommen, ist die Reis-Diät nur als Kurzkur oder als Einstieg in eine andere, ausgewogenere Diät zu empfehlen.

Schroth-Diät (Schroth-Kur)

Mitte des letzten Jahrhunderts wurde die Schroth-Diät von Johann Schroth entwickelt. Obwohl sie viel Selbstdisziplin erfordert und nur unter ärztlicher Kontrolle durchgeführt werden sollte, ist die "Schroth-Kur" heute sehr beliebt. Die ohnehin schon starke Gewichtsreduktion wird durch viel Bewegung und Schwitzpackungen noch beschleunigt. Dafür ist die Kost recht dürftig: dreimal in der Woche gibt es sogenannte Trockentage mit 500–700 kcal, die sich ausschließlich auf trockene Brötchen, Backpflaumen und Getreidebrei verteilen. Die Tage dazwischen, die sogenannten Trinktage, sind schon erfreulicher, denn viermal in der Woche gibt es reichlich, manchmal bis zu 2 Liter trockenen Weißwein zu trinken. Nur unter ärztlicher Kontrolle.

Weight-Watchers-Diät

Abnehmen in der Gruppe ist die Erfolgsformel der Weight-Watchers-Diätprogramme. Erlaubt ist fast alles, was eiweißreich und fettarm ist. Dazu kommt viel frisches Obst und Gemüse. Die erlaubten Kalorienmengen liegen bei 1200 (Frauen) bzw. 1600 (Männer) pro Tag. So gesehen ist die Weight-Watchers-Diät sehr ausgewogen, wenngleich keine spektakulären Gewichtsverluste möglich sind.

Zitronenkur

Bei der Zitronenkur gibt es nur eines reichlich: frischgepreßten Zitronensaft. Um ihn trinkbar zu machen, wird er mit Wasser verdünnt und mit Zucker, Honig oder Ahornsirup gesüßt. Diese Zitronensaft-Diät wirkt zwar entschlackend, zugleich zeigt sich aber rasch ihre Einseitigkeit. Sie gehört zu den Diäten, von denen grundsätzlich abgeraten wird.

In Zukunft essen Sie nicht mehr nach vorgefertigten Diätplänen, sondern Sie stellen sich Ihre Mahlzeiten selbst zusammen. Sicherlich wissen Sie mittlerweile, was viel und was wenig Kalorien hat, dennoch ist es sinnvoll, die Mahlzeit von der ersten bis zur letzten Zutat aufzulisten und die Nährwerte nachzuschlagen.
Wichtig ist stets, die Kalorienwerte, die sich in den Tabellen meist auf 100 g Produkt beziehen, auf die Portion umzurechnen. Bei einer Scheibe Vollkornbrot geht man von 45 g aus. 100 g haben laut Tabelle 206 kcal, 45 g haben demnach 206 x 0.45 = 93 kcal (gerundet). Hier ein Rechenbeispiel für eine Zwischenmahlzeit, berechnet nach den Angaben aus "Die große GU-Nährwerttabelle" von 1992/93.

Die „Kalorienfaktoren":

Unsere Nahrungsmittel sind ganz unterschiedlich zusammengesetzt. Ihr Nährwert (= die Kalorien) ergibt sich aus der Summe aller nährwertliefernden Inhaltstoffe, also weitgehend aus dem Gehalt an Eiweiß, Fett und Kohlenhydraten. Eiweiß und Kohlenhydrate haben jeweils den Kalorienfaktor 4, Fett hat 9. Denn:
1g Eiweiß liefert ca. 4 kcal
1g Kohlenhydrate liefert ca. 4 kcal
1g Fett liefert ca. 9 kcal
Neben diesen Hauptnährstoffen tragen noch andere Nahrungsbestandteile zum Kaloreingehalt unserer Kost bei: Säuren, wie sie z. B. in Obst, Gemüse, Säften und gesäuerten Milchprodukten vorkommen, liefern pro Gramm etwa 3 kcal, und reiner Alkohol schlägt mit 7 kcal pro Gramm zu Buche. In der normalen Kost haben diese Stoffe allerdings mengenmäßig kaum Bedeutung, deshalb wird in den Nährwerttabellen auch auf die Angaben verzichtet.

Beispiel: Vollkornbrot mit Tomaten und Kresse

für 1 Person:	kcal/100g x Gewicht		kcal/Gewicht
1 Scheibe Roggenvollkornbrot (= 45 g)	206 x 0.45	=	93
1 TL Halbfettmargarine (5 g)	368 x 0.05	=	18
1 Tomate (70 g)	17 x 0.7	=	12
½ Kästchen Kresse (10 g)	39 x 0.1	=	4
Pfeffer, etwas Salz	ohne Berechnung		
Insgesamt:			**127 kcal**

Wollen Sie noch mehr wissen?

In gleicher Weise können Sie mit Hilfe dieser Tabelle auch die Gehalte an Eiweiß, Fett und Kohlenhydraten berechnen. Es ergeben sich dann folgende Werte für diesen kleinen Imbiß (auf eine Kommastelle gerundet):
4.6 g Eiweiß, 2.9 g Fett, 20.7 g Kohlenhydrate

Diese drei Nährstoffe liefern insgesamt die 127 kcal, die wir oben bereits errechnet haben. Ob die Rechnung stimmt, können Sie mit einer einfachen Rechenprobe feststellen: Multiplizieren Sie die Nährstoffmengen mit dem entsprechenden Kalorienfaktor und zählen Sie dann zusammen! Es müßten sich ebenfalls rund 127 kcal ergeben.

Die Rechenprobe:

(Menge Eiweiß + Menge Kohlenhydrate) x 4 plus Menge Fett x 9 ergibt die Kalorien der Mahlzeit. Für unser Beispiel: (4.6 + 20.7) x 4 plus 2.9 x 9 ergibt 127 kcal. Dieser Wert stimmt also mit der zuerst errechneten Kaloriensumme überein. Solche Rechnungen bieten sich an, wenn Kalorienangaben fehlen, aber die Nährstoffe einzeln angegeben sind. Oder als reine Rechenprobe, um zu sehen, ob Sie richtig gerechnet haben. Unsere Formel für die Rechenprobe ist ein Hilfsmittel zur Orientierung. Kleine Abweichungen infolge von Auf- und Abrundung sind möglich. Auch gibt es nährwertliefernde Inhaltstoffe (z.B. Säuren, Alkohol), die in den Tabellen kaum aufgeführt sind, aber den Kaloriengehalt mitbestimmen.

Praktische Größen, Maße und Gewichte

Folgende Konservengrößen werden von deutschen Herstellern angeboten:

1. Dosen

1/1 - Dose:	850 ml
2/3 - Dose:	580 ml
1/2 - Dose:	425 ml
1/3 - Dose:	315 ml

2. Gläser

Normal- bzw.
Euroglas: 720 ml

1/2 - Glas:	370 ml
1/4 - Glas:	210 ml

Konservenware aus dem Ausland wird auch in anderen Größen bzw. Normen angeboten. Die Dosen- bzw. Glasnorm steht bei in- und ausländischer Ware auf dem Etikett, ebenso die Einwaage (Gesamtinhalt mit Flüssigkeit) und das Abtropfgewicht (ohne Flüssigkeit).

Wer streng auf die Kalorien achten muß, sollte sich natürlich auch mit den Konserveninhalten vertraut machen. Denn meist gelangt die Dose oder das Glas gleich nach dem Entleeren in den Abfall. Und nur die wenigsten denken daran, zunächst aufs Etikett zu schauen und sich das Abtropfgewicht (wichtig für die Kalorienberechnung!) zu notieren. Unsere Übersicht über die Normgrößen hilft Ihnen bei der Speisenplanung und bei der Kalorienberechnung der Mahlzeiten.

1 Ei (Gew. Kl. 4)	55-59 g
1 Eidotter, mittelgroß	19 g
1 Scheibe Roggenvollkornbrot	45 g
1 Scheibe Toastbrot	25-30 g
1 Scheibe Knäckebrot	10 g
1 Scheibe Pumpernickel (viereckig)	50 g
1 kleine Scheibe Pumpernickel (rund)	10 g
1 Brötchen	50 g
1 Karotte	50 g
1 mittelgroße Zwiebel	40 g
1 kleine Tomate	50 g
1 mittelgroße Kartoffel	70 g
1 Kästchen Kresse (ohne Substrat)	20 g
1 mittelgroßer Apfel	150 g
1 kleine Scheibe Ananas aus der Dose	35 g
1 mittelgroße Banane (geschält)	125 g
1 Kiwi	70 g
1 Scheibe Schnittkäse	25 g
1 Scheibe Wurstaufschnitt	15 g
1 Scheibe Salami, dünn geschnitten	4 g
1 TL Mehl	5 g
1 EL Mehl	10 g
1 TL Zucker	5 g
1 TL Butter oder Margarine	5 g
1 TL Öl	5 g
1 EL Öl	10 g

Kleine Mengen schnell abgemessen

- Was wiegt wieviel?
- Wieviele Kalorien stecken drin?

Produkt und Maßeinheit	Kalorien (kcal)

1. Fette, Öl und Eier

1 TL Butter (5 g)	38
1 EL Butter (10 g)	75
1 TL Margarine (6 g)	30
1 EL Margarine (10 g)	72
1 TL Halbfettmargarine (5 g)	19
1 EL Halbfettmargarine (10 g)	37
1 TL Öl (5 g)	45
1 EL ÖL (10 g)	90
Öl zum Ausstreichen (3 g)	27
1 Ei, Gew. Kl. 4 (55-59 g)	84
1 Ei, Gew. Kl. 6 (45-49 g)	70
1 Eidotter, mittelgroß (19 g)	68
1 Eiklar, mittelgroß (33 g)	16

2. Milch und Milchprodukte

1 EL Vollmilch (10 g)	6
1 Schuß Vollmilch (50 g)	32
1 EL Reine Buttermilch (10 g)	4
1 EL fettarmer Kefir (10 g)	5
1 EL Dickmilch (25 g) 3.5% Fett	17
1 EL Sahnedickmilch (25 g), 10% Fett	31
1 EL Vollmilchjoghurt (25 g) "natur"	15
1 EL fettarmer Joghurt (25 g) "natur"	11
Kondensmilch, 7.5% Fett (7.5 g-Portion für 1 Tasse)	10
Kondensmilch, 10% Fett (7.5 g Portion für 1 Tasse)	13
Kondensmilch, 4% Fett (7.5 g Portion für 1 Tasse)	10
1 TL flüssige Sahne, 30% Fett (5 g)	15
1 geh. TL geschlagene Sahne (6 g)	19
1 geh. EL geschlagene Sahne (15 g)	46
1 EL Magerquark (25 g)	18
1 leicht gehäufter EL Magerquark (30 g)	22
1 EL körniger Frischkäse (25 g, Hüttenkäse)	26
1 Portion Camembert (62.5 g), 30% F.i.Tr.	129
1 Scheibe Edamer (25 g), 30% F.i.Tr.	66
1 Scheibe Edamer 25 g), 40% F.i.Tr.	78
1 EL geriebener Emmentaler (10 g)	40
1 Ecke Schmelzkäse (62.5 g), 20% F.i.Tr.	101
1 Ecke Schmelzkäse (41.7 g), 20% F.i.Tr.	68
1 Ecke Schmelzkäse (25 g, Hotelportion), 20% F.i.Tr.	41

3. Getreideerzeugnisse, Brot

1 gestrich. TL Mehl, Type 405 (5 g)	17
1 EL Mehl, Type 405 (15 g)	51
1 gestrich. TL Stärke (z.B. Maisstärke bzw. Mondamin, 5 g)	17
1 TL Weizenkleie (3 g)	5
1 EL Weizenkörner, trocken (7 g)	21
2 EL Weizenkeimlinge (= 1 EL bzw.7 g Weizenkörner, trocken, oder 15 g eingeweicht und gekeimt)	21
3 EL Cornflakes (10 g)	34
1 Portion Cornflakes (30 g)	101
1 EL Haferflocken (10 g)	36
1 EL Grieß (15 g)	49
1 Scheibe Roggenvollkornbrot (45 g)	93
1 Scheibe Roggenmischbrot (45 g)	101
1 Scheibe Toastbrot (25-30 g)	78
1 Scheibe Knäckebrot (10 g)	32
1 Scheibe Pumpernickel (50 g)	100
1 kleine runde Scheibe Pumpernickel (10 g) für Häppchen	20
1 Brötchen (50 g)	129
1 Roggenmischbrötchen (50 g)	113
2 geh. EL Naturreis (roh 30 g, ergibt 90 g gekochten Reis)	104
30 g Nudeln (Eierteigwaren roh, ergeben 90 g gekocht)	104

4. Fleisch, Wurst, Fisch und Geflügel

1 kleines Schweineschnitzel (100 g)	156
1 ganzes Schweinefilet (250 g)	455
1 Schweineschnitzel (80 g, reicht als Geschnetzeltes für 1 Person)	125
1 Scheibe gekochter Schinken (25 g, klein bzw. dünn geschnitten)	48
1 Scheibe Salami (4 g, dünn, ø 5 cm)	21
5 Scheiben Salami (20 g)	103
1 Paar Wiener, klein (80 g)	222
1 Würstchen aus der Dose (40 g)	91
1 Scheibe Wurstaufschnitt (z.B. Bierschinken, 15 g)	35
1 Scheibe roher Schinken (dünn geschnitten, 8 g)	31
1 Scheibe Geflügelsülze (25 g)	33
1 Scheibe Deutsches Corned Beef (15 g)	32
1 Matjesfilet (50 g)	134
1 geräuchertes Forellenfilet (70 g)	91
50 g Krabben aus der Dose (Shrimps)	46
1 Regenbogenforelle (TK, küchenfertig 170 g, eßbarer Anteil bzw. ohne Kopf, Schwanz und Gräten 130 g)	133
1 Hähnchenkeule (125 g, Fleischgewicht ca. 100 g)	110
1 Hähnchenschnitzel (Brust, 100 g)	99

5. Gemüse, Kräuter und Obst

1 Portion Kopfsalat (50 g)	5
1 Portion Feldsalat (30 g)	4
1 kleine Möhre (50 g)	14
1 kleine Zwiebel (20 g)	7
1 Kopf Blumenkohl (1 kg geputzt)	230
1 kleiner Blumenkohl (500 g geputzt)	115
1 mittelgroße Kartoffel (70 g)	50
1 Portion Kartoffeln (125 g)	89
1 EL Maiskörner aus der Dose (25 g)	28
1 kleine Tomate (50 g)	9
1 Knoblauchzehe (1 g)	1
1 Kästchen Kresse (Kräuter abgeschnitten, ohne Substrat, 20 g)	8
1 Bund Schnittlauch (20 g)	8
1 Bund Petersilie (20 g)	12
1 Bund Dill (20 g)	12
1 EL Petersilie, gehackt (5 g)	3
1 EL Dill, gewiegt (5 g)	3
1 EL Schnittlauchröllchen (5 g)	2
1 EL Kresse, gehackt (5 g)	2
2 EL frische Kräuter im Durchschnitt (10 g)	6
1 EL Kressesprossen (5 g)	2
1 mittelgroßer Apfel, ungeschält (150 g)	75
1 große Aprikose, entsteint (40 g)	19
1 große Scheibe Ananas aus der Dose (70 g)	67
1 kleine Scheibe Ananas aus der Dose (35 g)	33
1 mittelgroße Banane (125 g geschält)	101
1 Avocado (ohne Stein 200 g)	446
1 Birne (150 g)	69
1 große Grapefruit (200 g Fruchtfleisch)	86
1 Apfelsine (150 g geschält)	66
1 Kiwi (70 g)	35
1 kleine Karambole (100 g)	23
1 Mango (250 g Fruchtfleisch)	140
Saft 1 Zitrone (50 g)	18
1 EL Zitronensaft (10 g)	4
Saft 1 Apfelsine (50 g)	24
Saft 1 Grapefruit (70 g)	27

6. Sonstiges

1 TL Honig (10 g)	33
1 TL Zucker (5 g)	21
1 gestr. EL Zucker (10 g)	42
1 TL Konfitüre (10 g)	27
1 TL Senf (5 g)	4
1 TL Meerrettich aus dem Glas (5 g)	4
1 EL Remoulade, 50% Fett (20 g)	104

Abkürzungen

g	= Gramm
ml	= Milliliter
l	= Liter
ca.	= zirka
1 EL	= 1 Eßlöffel
1 TL	= 1 Teelöffel
1 Msp.	= 1 Messerspitze
kcal	= Kilokalorien
kJ	= Kilojoule
BE	= Broteinheit (1 BE entspricht 12 g Kohlenhydrate)
Gew. Kl.	= Gewichtsklasse (bei Eiern)
F.i.Tr.	= Fett in der Trockenmasse (bei Käse)

Eigene Notizen

Literaturverzeichnis

Sigwald und Lisa Bommer: Die Ernährung der Griechen und Römer. Müllersche Verlagshandlung. Planegg, 1943

Jean Anthelme Brillat-Savarin: Physiologie des Geschmacks. Druck und Verlag Friedrich Vieweg & Sohn, Braunschweig 1865

Hans Deutsch-Renner: Ernährungsgebräuche – Ursachen und Wandel. Springer-Verlag, Wien 1947

Deutsche Gesellschaft für Ernährung: Infothek "Alternative Ernährungsformen". Umschau-Verlag, Frankfurt 1991

Paul Diepgen: Geschichte der Medizin, Band I und II. Verlag Walter de Gruyter & Co. Berlin 1949, 1951, 1956

Elmadfa, Aign, Muskat, Fritzsche, Cremer: Die große GU-Nährwert-Tabelle 1990/91 und 1992/93. Gräfe und Unzer Verlag, München

Ulrich H. Frey: Die richtige Anekdote. Wissen-Verlag, Herrsching 1991

Roland Gööck: Vergnügliches Eßbrevier. Praesentverlag Heinz Peter, Gütersloh

Herbert Heckmann: Die Freud des Essens. Carl Hanser Verlag, München 1979

K. Hintze: Geographie und Geschichte der Ernährung. Georg Thieme-Verlag, Leipzig 1934

Eugen Holländer: Anekdoten aus der medizinischen Weltgeschichte. Verlag Ferdinand Enke, Stuttgart 1925

Eugen Holländer: Äskulap und Venus – Eine Kultur-und Sittengeschichte im Spiegel des Arztes. Propyläen-Verlag, Berlin 1928

Sylvia Lott-Almstadt: Brigitte 1886-1986. Die ersten hundert Jahre - Chronik einer Frauenzeitschrift. Gruner & Jahr, Hamburg 1986

Heinz Möller, Walter Domnick: Stilkunde, Frisurenkunde. Verlag Handwerk und Technik, Hamburg 1981

Molkerei Alois Müller GmbH & Co.: Kalorienführer Milch und Milchprodukte. Fischach, 1990

Ingeborg Münzing-Ruef: So heilt die Natur. Wilhelm-Heyne-Verlag, München 1983

Nestlé Deutschland AG: Kalorien mundgerecht. Umschau-Verlag, Frankfurt 1989 und 1991

Klaus Oberbeil: Der Diät-Test. Stedtfeld Verlag GmbH, Münster 1991

Eberhard Puntsch: Das richtige Zitat. Wissen-Verlag, Herrsching 1991

Renner / Renz-Schauen: Nährwerttabellen für Milch und Milchprodukte. Verlag B. Renner, Gießen 1991

Gerhard Riedel: ... meinte Sebastian Kneipp. Kneipp-Verlag, Bad Wörishofen 1985

Hugo Sellheim: Hygiene und Diätetik der Frau. Verlag J.F. Bergmann, 1926

Union deutsche Lebensmittelwerke: Mengenlehre für die Küche. Hamburg 1991

Bildquellen:

Artus Archiv: 14 r. **Bilderdienst Süddeutscher Verlag:** 15, 18 **Food Professionals:** 53 **imagebank:** 22, 23 o., 23 u., 24, 25, 34, 37, 55, 59, 104, 120/121, 134/135 **Museum Ludwig, Köln:** 19 **Anna Neumann:** 41, 51, 77, 100, 101, 116, 140 **C. P. Pet:** 19 o. **Preussischer Kulturbesitz:** 6/7, 8 o., 8 u., 9, 10, 11, 12, 13, 14 l., 93 und Vorsatz-Motiv **Kurt Sattelberger:** 16/17, 20, 26/27, 28, 29, 30 o., 30 u., 31, 32, 33, 35, 36, 38, 39, 40, 43, 44, 45, 46, 47, 48, 49, 50, 52, 54, 56, 57, 58, 60, 62, 63, 66/67, 68, 70, , 72, 73, 75, 76, 78, 79, 80/81, 83, 84/85, 86, 87, 88, 89, 90, 91, 92, 94/95, 97, 98, 102, 105, 108, 109, 110, 111, 112, 113, 114, 115, 117, 119, 122/123, 124/125, 127, 128, 129, 130 o., 130 u., 131 l., m., r., 133, 136/137, 138, 139.

Das Vorsatz-Motiv gibt einen kolorierten Kupferstich vom Ende des 18. Jahrhunderts wieder: „Hoffarth muß Zwang leiden“, als eine indirekte Werbung für schlanke Form durch Diät.